RENATA PEREIRA BATISTA

EDUCAÇÃO ESPECIAL

COMO TORNAR UMA ESCOLA INCLUSIVA

© Renata Pereira Batista

Direção editorial
Marcelo Duarte
Patth Pachas
Tatiana Fulas

Gerente editorial
Vanessa Sayuri Sawada

Assistentes editoriais
Henrique Torres
Laís Cerullo

Assistente de arte
Samantha Culceag

Consultoria pedagógica
Josca Ailine Baroukh

Capa
Marcello Araujo

Diagramação
Elis Nunes
Samantha Culceag

Preparação
Mônica Silva

Revisão
Vanessa Oliveira Benassi
Beatriz de Freitas Moreira
Ronald Polito

Impressão
Loyola

CIP-BRASIL. CATALOGAÇÃO NA PUBLICAÇÃO
SINDICATO NACIONAL DOS EDITORES DE LIVROS, RJ

B337e

Batista, Renata Pereira
Educação especial: como tornar uma escola inclusiva / Renata Pereira Batista. – 1. ed. – São Paulo: Panda Educação, 2024.
20 cm.

ISBN: 978-65-88457-16-0

1. Educação inclusiva. 2. Inclusão escolar. 3. Educação especial. 4. Professores – Formação. I. Título.

24-89281
CDD: 371.9
CDU: 376

Gabriela Faray Ferreira Lopes – Bibliotecária – CRB-7/6643

2024
Todos os direitos reservados à Panda Educação.
Um selo da Editora Original Ltda.
Rua Henrique Schaumann, 286, cj. 41
05413-010 – São Paulo – SP
Tel./Fax: (11) 3088-8444
edoriginal@pandabooks.com.br
www.pandabooks.com.br
Visite nosso Facebook, Instagram e Twitter.

Nenhuma parte desta publicação poderá ser reproduzida ou compartilhada por qualquer meio ou forma sem a prévia autorização da Editora Original Ltda. A violação dos direitos autorais é crime estabelecido na Lei nº 9.610/98 e punido pelo artigo 184 do Código Penal.

Nada é defeito
Nem qualidade

Tudo é humano,
Bem diferente
Assim, assado
Todos são gente.

Tatiana Belinky (2021)

Dedico este livro às parcerias. Àquelas simples, que chegam sem avisar e tímidas; às que carregamos desde o nascimento; às que nos fazem refletir; às pedagógicas; às acolhedoras e singelas; às arrebatadoras. A todas essas e às inúmeras outras parcerias que fazem a diferença na nossa atuação profissional e pessoal e nos ajudam a ser ainda mais humanos.

Sintam-se todas abraçadas!

SUMÁRIO

9   **PrefaciAR: incluir como meta da educação contemporânea**

13   **Apresentação**

17   **Como tornar uma escola inclusiva?**
19   Uma equipe especial
25   Um longo percurso
30   Os encontros formativos
36   A Sala de Recursos Multifuncionais
39   Os materiais

41   **O acolhimento dos alunos**
45   O Processo Educacional Inclusivo
48   Adaptar ou reduzir?
50   Adaptações curriculares
52   O que a pandemia nos ensinou
54   A parceria com a família
56   As equipes multidisciplinares

59   **O acompanhamento dos alunos**
60   Plano Educacional Individualizado
62   A construção contínua do Plano Educacional Individualizado
66   Registro de acompanhamento: Orientação Educacional
68   Registro de acompanhamento na Educação Infantil
72   Plano de Atendimento Educacional Especializado Anual – Ensino Fundamental e Médio
85   Os registros no Padlet

86 Organização das informações dos estudantes
88 "Entre o ideal e o real... o possível!"

90 Para terminar...

92 Referências

PREFACIAR: INCLUIR COMO META DA EDUCAÇÃO CONTEMPORÂNEA

> *Se não houver fricção,*
> *não saem faíscas.*
>
> Stela Barbieri

É com muito prazer, e uma honra imensa, que escrevo este começo de conversa de um livro tão potente, necessário e prático de Renata Pereira Batista, uma autora completamente envolvida com a questão em foco: uma Educação Especial para todos os sujeitos do processo educativo.

A obra nos mostra um percurso de/em construção de uma postura inclusiva, abrangendo desde documentos, leis e declarações universais e nacionais, que compõem o conceito de inclusão, até a sua formalização no projeto pedagógico do Colégio Educar Guarulhos (SP). Trata-se de um relato detalhista, que destaca os pontos principais de cada momento histórico dos documentos, alicerces das escolhas que a instituição faz, sempre de forma compartilhada com a equipe.

É importante salientar o quanto o texto aponta a relevância do trabalho colaborativo, da participação da equipe em todos os movimentos formativos, o que é essencial à compreensão da proposta e à elaboração de possibilidades de trabalho a partir dos objetivos eleitos na instituição. Incluir todos em todas as etapas do processo educacional fortalece a cultura do coletivo, a responsabilidade de cada um e as trocas interativas e promotoras de avanços pessoais e profissionais.

Diante dos desafios da Educação Especial, escolhas são feitas para operacionalizar as intenções propostas no projeto político-pedagógico institucional. No caso do Colégio Educar Guarulhos, o registro reflexivo e compartilhado mostra a importância desse instrumento como planejamento de possibilidades, tanto de propostas de adaptações curriculares quanto de avaliações do momento em que cada estudante se encontra para encaminhamentos dos passos seguintes.

Ao longo do livro, Renata narra com muita generosidade diversos exemplos de registros em diferentes faixas etárias, descrevendo a relevância dessa ferramenta de trabalho para educadores, familiares, especialistas de várias áreas e para os próprios estudantes, dando visibilidade aos avanços e conquistas realizados. Ao registrar, a memória do percurso se fortalece, colos se acolhem diante dos muitos desafios e laços vão sendo estreitados diante das trocas entre profissionais, numa equipe que se constitui com tempos e espaços necessários a favor das aprendizagens significativas e respeitosas para todos. Conflitos, não saberes, dúvidas e possibilidades são configurados por meio dos registros compartilhados no coletivo, assim como pelos vínculos de confiança que a obra de Renata nos mostra no cotidiano da escola. Com certeza é uma obra útil, prática e coerente com os objetivos propostos.

O convite à leitura deste livro a partir da realidade do Colégio Educar Guarulhos aponta oportunidades e desafios registrados com emoção e responsabilidade coletiva na construção de uma escola de qualidade para todos, no fortalecimento de uma equipe colaborativa e transparente em relação à evolução de cada criança e de cada jovem com os quais trabalha. Como a metáfora do jogo cilada, usado na estratégia formativa com os professores, um quebra-cabeça vai sendo delineado no acompanhamento desta obra, que nos mostra que *é possível* uma Educação Especial que acolha todos: vale a pena conferir!

Maria Alice Proença

APRESENTAÇÃO

Todas as crianças e jovens têm direito à educação formal, além daquela que acontece no cotidiano de qualquer família, conforme garantido por lei. A diversidade é um princípio nos documentos que regem o ensino no nosso país, o que abre as portas das escolas para o respeito às singularidades de cada estudante. Isso foi referendado em 2015, com a promulgação da Lei Brasileira de Inclusão, também conhecida como Estatuto da Pessoa com Deficiência (BRASIL, 2015).

Contudo, muitas vezes as políticas públicas de inclusão não dialogam bem com a prática pedagógica, no sentido de efetivamente incluir todos. A organização dos espaços, a superação de barreiras[1] estruturais e a adaptação dos currículos ainda parecem conquistas distantes das instituições escolares, destoando da obrigatoriedade determinada pela Lei Brasileira de Inclusão e da quantidade de crianças com deficiências na rede regular de ensino. Além disso, mais do que o acesso, precisamos pensar na qualidade da permanência desses estudantes na escola.

A concretização de uma ideia transformadora é complexa. Uma mudança de paradigma na instituição escolar demanda

---

1 A Lei nº 13.146/2015 (Lei Brasileira de Inclusão da Pessoa com Deficiência) define como barreiras "qualquer entrave, obstáculo, atitude ou comportamento que limite ou impeça a participação social da pessoa, bem como o gozo, a fruição e o exercício de seus direitos à acessibilidade, à liberdade de movimento e de expressão, à comunicação, ao acesso à informação, à compreensão, à circulação com segurança, entre outros" (BRASIL, 2015).

muitas discussões, momentos formativos, criação de novas maneiras de ser, estar e coordenar as turmas. Esse é o caso da implementação do Estatuto da Pessoa com Deficiência, que traz em seu bojo inúmeras questões e inquietações para os profissionais da área: o que se quer dizer com educação inclusiva? Como se faz inclusão na escola? Quais são os benefícios e as dificuldades por trás de um processo educacional inclusivo?

A educação inclusiva é humanizada, pois significa contemplar todas as pessoas no processo de ensino-aprendizagem, de modo que todos os estudantes sejam respeitados, acolhidos e celebrados em suas peculiaridades – tenham ou não alguma deficiência. Essa perspectiva reconhece as singularidades que constituem cada pessoa e se debruça sobre as diferenças entre elas, de maneira a promover integralmente seu desenvolvimento e suas aprendizagens em um contexto coletivo. Trata-se de uma educação que reconhece e comemora a parceria com as famílias e a comunidade onde os estudantes vivem.

É nesse contexto que este livro se insere. Ele é fruto de dois sonhos: o de ser educadora e o de ter uma escola. Aqui apresento os pilares do Colégio Educar Guarulhos, que teve início com o Centro de Recreação Infantil Doces Sonhos (Guarulhos-SP), do qual sou diretora e mantenedora. Desde sua fundação, em 1996, o centro já assumia o ideal de uma educação de qualidade e inclusiva para todos. Sensibilizada pela convivência com minha irmã Roberta Pereira Batista, cadeirante com hidrocefalia, e pelo esforço de nossos pais para lhe proporcionar a melhor qualidade de vida possível, adotei como princípios em minha jornada pessoal e profissional o acolhimento ao próximo e a concepção de que todos são capazes.

Em 2006, uma década após a inauguração do centro, com o aumento da procura de estudantes e o desejo de ampliar o atendimento às crianças e aos jovens do Ensino Fundamental e Médio, nasceu o Colégio Educar Guarulhos, uma escola que abre os braços para as diferenças, sejam elas quais forem.

Em 2009, o colégio recebeu uma das primeiras estudantes com deficiência, que tinha paralisia cerebral e era cadeirante. As equipes gestora e pedagógica se mobilizaram para acolhê-la respeitosamente, dedicando-se a escutá-la, mesmo antes da promulgação do Estatuto da Pessoa com Deficiência. Paralelamente, nos momentos de formação continuada, mergulharam em estudos e discussões que apoiassem sua empreitada. Alinhadas aos ideais que inauguraram a unidade educacional, as equipes se mantêm em constante movimento, para atender cada vez melhor as crianças e os jovens que ali ingressam.

Respeito, colaboração e elaboração de estratégias pedagógicas que incluam todos são alguns dos pilares que nos sustentam. Na perspectiva de uma escola regular inclusiva, entendemos que os docentes precisam estar permanentemente dispostos a aprender e acolher os estudantes, descobrindo junto com eles como se comunicar, que desafios lançar, que apoio oferecer. Sabemos que a sociedade se beneficia dessa abordagem educacional que cultiva o olhar para o outro e a escuta de sua realidade, pois isso colabora para formar cidadãos empáticos, que se importam com a comunidade.

Quanto aos professores, é fundamental que estejam dispostos a experimentar o novo, a se lançar no desconhecido que é cada ser humano. E essa disposição decorre de um constante processo de formação profissional, que inclui estudos, discussões, planejamentos, observações e escutas atentas, registros e avaliações constantes.

Em 2024 o colégio conta com 966 estudantes matriculados, dos quais 66 têm laudos médicos que atestam algum tipo de deficiência ou transtorno, e mais 28 casos em investigação. A Lei Brasileira de Inclusão, ou Estatuto da Pessoa com Deficiência, em seu artigo 2º considera

> pessoa com deficiência aquela que tem impedimento de longo prazo de natureza física, mental, intelectual ou sensorial, o qual, em interação com uma ou mais barreiras, pode obstruir sua participação plena e efetiva na sociedade em igualdade de condições com as demais pessoas. (BRASIL, 2015)

No Brasil, desde a Constituição de 1988, a educação é um direito de todos. Dessa forma, cabe à escola atuar na formação das crianças e dos jovens que a frequentam, assegurando seu acesso e sua permanência, em uma perspectiva equânime, ou seja, uma formação que respeite seus saberes, experiências, maneiras de ser, estar, pensar, agir e interagir.

Reconhecemos o quanto nosso colégio avançou no sentido de ser uma escola inclusiva, embora tenhamos clareza de que ainda há muito a aprender. Este livro se propõe a partilhar a experiência do Colégio Educar Guarulhos, relatando de modo reflexivo o percurso vivido, que inclui parcerias com as famílias, adaptações curriculares e várias atividades inclusivas que podem inspirar outras instituições que assumem o atendimento à diversidade como um princípio indiscutível.

COMO TORNAR UMA ESCOLA INCLUSIVA?

Decidir ser uma escola inclusiva é uma coisa; tornar-se uma escola inclusiva é outra, bem mais complexa. Apesar de a Lei Brasileira de Inclusão datar de 2015, e de o acesso de crianças e jovens com deficiência estar garantido por ela, ainda são desafios para as instituições escolares alterar suas organizações e criar adaptações curriculares e estratégias pedagógicas que promovam as aprendizagens e possibilitem que todos os estudantes construam conhecimento. Assumir uma nova maneira de pensar a educação – na qual todos têm os mesmos direitos – envolve mudar a forma como cada profissional pensa e atua.

Uma escola para todos exige uma gestão que apoie a equipe de educadores, partindo do pressuposto de que todas as pessoas que trabalham na escola são educadoras, desde os porteiros, os responsáveis pela limpeza, pela alimentação, até os professores, coordenadores e diretores. Quem trabalha em uma instituição educativa é educador, modelo de ser humano com quem os estudantes convivem.

Novas concepções – que incluem o entendimento de que todas as crianças e todos os jovens têm o direito de frequentar o ambiente escolar, interagir e aprender – demandam mudanças profundas no que diz respeito à organização curricular e ao trabalho pedagógico. A celebração dos diferentes e o acolhimento da diversidade implicam processos de ensino-aprendizagem construídos no coletivo, nas trocas. Nós olhamos para cada criança e jovem que chega até nós, não para seus problemas.

Desde a fundação do colégio, a equipe gestora assumiu um olhar e uma escuta sensíveis que nortearam suas ações. Um dos frutos dessa postura foi a oferta de acompanhamento diferenciado para o êxito do aprendizado de cada estudante. Ao longo do tempo e conforme a necessidade, foram construídos processos de recuperação contínua e acompanhamentos individualizados, com apoio e orientações às famílias de crianças e jovens que apresentassem alguma dificuldade de aprendizagem relativa aos conteúdos trabalhados.

Apesar de buscarmos orientações dos órgãos públicos sobre como proceder para tornar efetiva essa inclusão, não recebemos diretrizes ou encaminhamentos. Precisávamos criar estratégias particulares para atender especialmente os estudantes que já possuíam laudos médicos atestando suas deficiências, distúrbios, síndromes e transtornos[2] e que nos desafiavam ainda mais.

Começamos contratando uma profissional que, na época, se propôs a se especializar no tema. Ela passou a fazer parte do quadro técnico da escola, atuando junto com três coordenadores, responsáveis respectivamente pela Educação Infantil, pelo Ensino Fundamental (anos iniciais e finais) e pelo Ensino Médio. Inicialmente sua função era apoiar os estudantes, acolhendo as dificuldades e adaptando o currículo na medida do possível, por meio de atendimentos individualizados.

Conforme esses atendimentos aconteciam, observamos que seria fundamental que essa profissional acompanhasse os alunos

---

2 Entre eles, Transtorno do Espectro Autista (TEA), Deficiência Intelectual (DI), Transtorno do Déficit de Atenção e Hiperatividade (TDAH), Transtorno do Déficit de Atenção (TDA), Distúrbio do Processamento Auditivo Central (DPAC), Transtorno Opositor Desafiador (TOD) e Síndrome de Down (SD).

também em sala de aula, de modo a ajudar os professores a lidar com situações específicas, desconhecidas e inesperadas. Já na época percebíamos e implantávamos o que é hoje denominado de processo colaborativo: uma rede entre educadores e a equipe de Orientação Educacional, em prol da criação de estratégias para permitir ao estudante avançar em seu processo de aprendizagem e de inserção social.

Ao mesmo tempo, foi necessário investir na formação da equipe pedagógica, lidando com resistências e medos, pois encarar situações inusitadas amedronta. Fazer frente aos desafios requer a transformação das práticas, novos modos de fazer com base em um olhar mais alargado que contemple todos. Nesse sentido, a formação continuada de professores ganha ainda mais relevância.

Uma equipe especial

A formação continuada é um processo permanente e coletivo que objetiva constituir uma equipe bem preparada, com base em pressupostos comuns alinhados aos princípios da instituição. Os docentes podem aprimorar constantemente suas competências, com vistas à qualificação das aprendizagens dos estudantes. As trocas entre pares, realizadas por meio de estudos e discussões, produzem conhecimentos e modos de fazer que se refletem intensamente na prática pedagógica.

O Colégio Educar Guarulhos reconhece os professores enquanto aqueles que despertam o brilho nos olhos dos alunos, motivando-os na busca de conhecimento, apoiando a construção de sua autonomia e instigando seu interesse pelo estudo e pelo conhecimento. Faz parte do papel do educador ter habilidade e sensibilidade para identificar as oportunidades que surgem nos contextos de aprendizagem propostos, no sentido de desafiar os estudantes para que se desenvolvam plenamente.

As interações entre e com os alunos são fundamentais para a construção de uma postura crítica diante da realidade. Nossa meta é formar estudantes pensantes, conscientes de seus modos de aprender e envolvidos com seus processos de conhecer o mundo. Queremos formar cidadãos empáticos em relação às necessidades sociais, capazes de buscar respostas para elas. Contribuem para isso as mediações de conflito conduzidas pelos professores, o que promove a reflexão dos estudantes sobre as situações, para que ajam em vez de reagir a elas.

A concepção de escola regular inclusiva requer dos educadores uma mudança de paradigma, uma maneira diferente de pensar, tal como fazemos no Colégio Educar Guarulhos. Essa mudança ocorre lentamente, por meio de propostas reflexivas, de discussões sobre as práticas e de seu registro. Podemos ser uma escola inclusiva somente se os educadores abraçarem essa causa e se todos, até mesmo estudantes e gestão, se sentirem pertencentes, respeitados em suas diferenças e singularidades.

Em uma escola inclusiva, as práticas educacionais devem ser flexíveis e colaborativas; os planejamentos são campos férteis para a criação de didáticas inventivas, que permitam a aproximação dos estudantes com os objetos de conhecimento, segundo sua possibilidade (BATISTA *et al.*, 2021). É uma maneira viva de fazer escola em que se constrói o trabalho pedagógico coletivamente, e, por meio do registro constante, se aprende enquanto se faz.

Conhecer as deficiências, os transtornos e as dificuldades de aprendizagem dos estudantes e compreender suas limitações são partes importantes da instrumentalização dos professores. Esses saberes pavimentam a estrada do planejamento, apoiando-os na superação de barreiras, de modo a investir nos conteúdos nos quais os estudantes podem avançar, e ao mesmo tempo incentivando a convivência social entre eles.

Construímos nossa maneira de fazer uma escola inclusiva por meio da participação e da dedicação de toda a equipe escolar – funcionários administrativos, professores, orientador, coordenadores de segmentos e direção. Aprendemos recorrendo a pesquisas, leituras, refletindo sobre os erros e acertos e em formações com profissionais que se dedicam ao tema. Foi assim que surgiu nosso Processo Educacional Inclusivo, cuja missão é atender com excelência todos os estudantes.

Desde a fundação do Colégio Educar Guarulhos, as ideias de alguns autores nos acompanham, apoiando a elaboração de nossos princípios e lapidando nosso fazer educacional. Somos uma escola humanista, que acredita na interação como forma de educar. A celebração das diferenças é um princípio indiscutível para nós. Ela envolve o reconhecimento de que é por meio da troca respeitosa com o outro que forjamos estudantes para uma vida comunitária – a tão falada educação para a cidadania.

Para começar, a pedagogia crítica de Paulo Freire (1981, 1996) ilumina nosso caminhar com sua proposta dialógica e problematizadora, que incentiva os estudantes a construírem uma postura crítica diante da realidade. Também emprestamos dele a esperança e a alegria como ingredientes essenciais do processo educativo.

O pedagogo francês Célestin Freinet (1973) é outra importante referência. Suas contribuições se fazem presentes na educação até hoje, o que mostra quão atuais são suas ideias, como a proposição de que o aprender está indissociavelmente articulado à experiência de vida. Destacamos as invariantes pedagógicas (SAMPAIO, 1989), que são princípios invariáveis presentes no saber pedagógico e, portanto, transcendem o momento histórico e o local (IMBERNÓN, 2012; LEGRAND, 2010).

AS INVARIANTES PEDAGÓGICAS DE FREINET

1. A criança é da mesma natureza que o adulto.
2. Ser maior não significa necessariamente estar acima dos outros.
3. O comportamento escolar de uma criança depende do seu estado fisiológico, orgânico e constitucional.
4. A criança e o adulto não gostam de imposições autoritárias.
5. A criança e o adulto não gostam de uma disciplina rígida, quando isso significa obedecer passivamente a uma ordem externa.
6. Ninguém gosta de fazer determinado trabalho por coerção, mesmo que, em particular, ele não o desagrade. Toda atitude imposta é paralisante.
7. Todos gostam de escolher o seu trabalho, mesmo que essa escolha não seja a mais vantajosa.
8. Ninguém gosta de trabalhar sem objetivo, atuar como máquina, sujeitando-se a rotinas das quais não participa.
9. É fundamental a motivação para o trabalho.
10. É preciso abolir a escolástica.
    10a. Todos querem ser bem-sucedidos. O fracasso inibe, destrói o ânimo e o entusiasmo.
    10b. Não é o jogo que é natural na criança, e sim o trabalho.

11. Não são a observação, a explicação e a demonstração – processos essenciais da escola – as únicas vias normais de aquisição de conhecimento, mas a experiência tateante, que é uma conduta natural e universal.
12. A memória, tão preconizada pela escola, não é válida, nem preciosa, a não ser quando está integrada no tateamento experimental, onde se encontra verdadeiramente a serviço da vida.
13. As aquisições não são obtidas pelo estudo de regras e leis, como às vezes se crê, mas pela experiência. Estudar primeiro regras e leis é colocar o carro na frente dos bois.
14. A inteligência não é uma faculdade específica, que funciona como um circuito fechado, independente dos demais elementos vitais do indivíduo, como ensina a escolástica.
15. A escola cultiva apenas uma forma abstrata de inteligência, que atua fora da realidade, fica fixada na memória por meio de palavras e ideias.
16. A criança não gosta de receber lições autoritárias.
17. A criança não se cansa de um trabalho funcional, ou seja, que atende aos rumos de sua vida.
18. A criança e o adulto não gostam de ser controlados e receber sanções. Isso caracteriza uma ofensa à dignidade humana, sobretudo se exercida publicamente.
19. As notas e classificações constituem sempre um erro.
20. Fale o menos possível.
21. A criança não gosta de sujeitar-se a um trabalho em rebanho. Ela prefere o trabalho individual ou em equipe numa comunidade cooperativa.
22. A ordem e a disciplina são necessárias na aula.
23. Os castigos são sempre um erro. São humilhantes, não conduzem ao fim desejado e não passam de um paliativo.
24. A nova vida da escola supõe a cooperação escolar, isto é, a gestão da vida pelo trabalho escolar pelos que a praticam, incluindo o educador.
25. A sobrecarga das classes constitui sempre um erro pedagógico.
26. A concepção atual das grandes escolas conduz professores e alunos ao anonimato, o que é sempre um erro e cria barreiras.
27. A democracia de amanhã prepara-se pela democracia na escola. Um regime autoritário na escola não seria capaz de formar cidadãos democratas.

> 28. Uma das primeiras condições da renovação da escola é o respeito à criança e, por sua vez, a criança ter respeito para com seus professores; só assim é possível educar dentro da dignidade.
> 29. A reação social e política, que manifesta uma reação pedagógica, é uma oposição com a qual temos que contar, sem que se possa evitá-la ou modificá-la.
> 30. É preciso ter esperança e otimismo na vida.

Rubem Alves (2001) nos apresentou em seu livro a Escola da Ponte e mostrou a beleza de uma educação cooperativa, o respeito aos tempos e a ênfase no reconhecimento da vida social. É sobre o tempo que Gianfranco Zavalloni (2015) nos desafia a refletir: como temos lidado com ele na educação? O autor propõe que contemplemos a desaceleração como maneira de fazer frente a um mundo cada vez mais acelerado.

Por sua vez, António Nóvoa (2023) nos ajuda a pensar a importância da profissão docente na transformação da escola, na construção de múltiplos futuros. Contamos ainda com Madalena Freire (2008) para discutir os instrumentos metodológicos de planejamento, observação, registro e avaliação, alinhados com a concepção humanista que adotamos. A documentação ganha relevo em nossos estudos sobre registros por meio da colaboração de Maria Alice Proença (2022) e de Sueli Melo, Maria Carmen Silveira Barbosa e Ana Lúcia Goulart de Faria (2018). Fátima Freire Dowbor (2008) também subsidia essa jornada, destacando a importância do outro no processo educativo.

Elizabeth Cohen e Rachel Lotan (2017) contribuem com estratégias para salas de aula heterogêneas, em uma perspectiva cooperativa, por meio de orientações alicerçadas na teoria, para que os professores possam planejar, propor e avaliar o trabalho em pequenos grupos.

Maria Teresa Mantoan (2013, 2015) nos guia no tema da inclusão escolar. A autora defende uma das nossas premissas fundantes: todos os estudantes aprendem, todos têm direito à educação escolar e todos têm o direito de ser singulares (MACHADO; MANTOAN, 2020). A singularidade é uma marca humana, portanto complexa – e dessa maneira precisa ser tratada. Em suas obras, Mantoan aponta a importância de reorganizar as práticas escolares para atender e acolher as diferenças.

Sobre autismo, recorremos à leitura de especialistas como Eugênio Cunha (2019), Thomas Whitman (2015) e Mayra Gaiato e Gustavo Teixeira (2018), para compreendermos o assunto a fim de criar estratégias de ensino adequadas a cada estudante.

Visando nos alinhar às contribuições da tecnologia para a educação, contamos com as proposições de Lilian Bacich e José Moran (2017) no que tange às metodologias ativas, bem como de Lilian Bacich, Adolfo Tanzi Neto e Fernando de Mello Trevisani (2015) ao nos apresentarem o ensino híbrido. Essas leituras foram valiosas por ocasião da pandemia de covid-19.

Um longo percurso

Faremos aqui uma breve apresentação da legislação internacional e brasileira que norteia o atendimento às pessoas com deficiência, pois o suporte legal gerou importantes impactos sociais para a inclusão escolar e social desses indivíduos.

No contexto da Educação Básica, a inclusão dos estudantes com deficiência está garantida pela Constituição Federal de 1988, que em seu artigo 208, inciso III, determina que a Educação Especial consiste na modalidade de "atendimento educacional especializado aos portadores de deficiência, preferencialmente na rede regular de ensino" (BRASIL, 1988). Tais direitos foram referendados pelo Estatuto da Criança e do Adolescente (BRASIL, 1990), a mais importante lei que zela pela infância e adolescência.

Em 1990, em Jomtien, na Tailândia, aconteceu a Conferência Mundial sobre Educação para Todos, que resultou na Declaração de Jomtien (UNESCO, 1990). Os países participantes reafirmaram o artigo 26 da Declaração Universal dos Direitos Humanos (ONU, 1948), segundo a qual "todo ser humano tem direito à instrução", e lançaram o movimento global Educação para Todos.

Em 1994, na Conferência sobre Educação Especial, foi elaborada a Declaração de Salamanca (UNESCO, 1994), na cidade homônima, na Espanha, sendo o Brasil um dos signatários. Seu princípio central é o compromisso com a educação para todos, expresso no objetivo de assegurar "que a educação de pessoas com deficiências seja parte integrante do sistema educacional". Dessa maneira, as escolas devem reconhecer as demandas singulares dos estudantes que nelas ingressam, garantindo a todos uma educação de qualidade, que promova aprendizagens por meio de um currículo apropriado acompanhado das modificações organizacionais necessárias.

Em 1996 foi promulgada no Brasil a Lei de Diretrizes e Bases da Educação Nacional (LDB), que trata, em seu Capítulo V, da Educação Especial, definida no artigo 58 como "a modalidade de educação escolar, oferecida preferencialmente na rede regular de ensino, para educandos portadores de necessidades especiais" (BRASIL, 1996). A LDB estabelece, ainda, que essa oferta deve ser feita pelo Estado a partir das creches, e que devem ser providenciados "serviços de apoio especializado, na escola regular, para atender as peculiaridades da clientela de Educação Especial".

Posteriormente, em 2000, teve lugar em Dakar, no Senegal, o Fórum Mundial de Educação, com a participação de representantes de 180 países, incluindo o Brasil. Na oportunidade, foi assinada a Declaração de Dakar: Educação para Todos (UNESCO, 2000), cujos países participantes reafirmaram a educação como um direito humano fundamental e se comprometeram a promover uma educação para todas as pessoas.

No ano seguinte, a Resolução do Conselho Nacional de Educação CNE/CEB nº 2/2001 definiu as Diretrizes Nacionais para a Educação Especial na Educação Básica, afirmando no artigo 2º que

> os Sistemas de Ensino devem matricular todos os alunos, cabendo às escolas organizarem-se para o atendimento aos educandos com necessidades educacionais especiais, assegurando as condições necessárias para uma educação de qualidade para todos. (BRASIL, 2001)

Em 2007 o Brasil assinou a Convenção sobre os Direitos das Pessoas com Deficiência (BRASIL, 2007), adotada pela Organização das Nações Unidas (ONU) em 13 de dezembro de 2006, em reunião da Assembleia Geral para comemorar o Dia Internacional dos Direitos Humanos. O foco desse documento é garantir que as pessoas com deficiência possam desfrutar de todos os direitos humanos e das liberdades fundamentais, reconhecendo e promovendo o respeito a sua dignidade.

Ratificando tais decisões, a Política Nacional de Educação Especial na Perspectiva da Educação Inclusiva estabelece que

> os sistemas de ensino devem assegurar aos alunos currículo, métodos, recursos e organização específicos para atender às suas necessidades; assegura a terminalidade específica àqueles que não atingiram o nível exigido para a conclusão do Ensino Fundamental, em virtude das suas deficiências. (BRASIL, 2008, p. 2)

Já a Resolução CNE/CEB nº 4/2009 institui as Diretrizes Operacionais para o Atendimento Educacional Especializado (AEE) na Educação Básica, modalidade Educação Especial que

> tem como função complementar ou suplementar a formação do aluno por meio da disponibilização de serviços, recursos de acessibilidade e estratégias que eliminem as barreiras para sua plena participação na sociedade e desenvolvimento de sua aprendizagem. (BRASIL, 2009)

Em 2015, em Incheon, na Coreia do Sul, aconteceu a conferência que deu origem à Declaração de Incheon, que reafirma o movimento global Educação para Todos, iniciado em Jomtien e referendado em Dakar, com vistas a "assegurar a educação inclusiva e equitativa de qualidade, e promover oportunidades de aprendizagem ao longo da vida para todos" (UNESCO, 2015, p. 1).

No Brasil, no mesmo ano, foi promulgada a já mencionada Lei Brasileira de Inclusão da Pessoa com Deficiência, cujo artigo 1º determina que seja garantido, "em condições de igualdade, o exercício dos direitos e das liberdades fundamentais por pessoa com deficiência, visando à sua inclusão social e cidadania" (BRASIL, 2015). No artigo 27 do capítulo 4, "Do direito à educação", a lei determina que

> A educação constitui direito da pessoa com deficiência, assegurados sistema educacional inclusivo em todos os níveis e aprendizado ao longo de toda a vida, de forma a alcançar o máximo desenvolvimento possível de seus talentos e habilidades físicas, sensoriais, intelectuais e sociais, segundo suas características, interesses e necessidades de aprendizagem. (BRASIL, 2015)

Tal variedade de dispositivos legais significa o reconhecimento do importante papel que a escola cumpre para esse segmento da população e para toda a sociedade, quando acolhe a diversidade humana. Dessa maneira, as instituições de ensino devem enfrentar os inúmeros desafios que surgem e se adaptar às demandas que os alunos com deficiência apresentam.

Em nosso colégio, a educação inclusiva está sendo construída diariamente, pois sabemos que cada indivíduo aprende de uma maneira e tem necessidades singulares, que devem ser identificadas e atendidas.

Os encontros formativos

Conforme os encontros formativos com a equipe foram acontecendo, os professores passaram a apresentar as necessidades individuais e específicas de seus alunos. Foi assim que surgiram os Movimentos Pedagógicos Individuais Inclusivos (MPII), com o intuito de orientar e subsidiar os professores em questões relativas à inclusão. Os encontros são organizados pela equipe de Orientação Educacional Inclusiva e têm duplo objetivo: considerar a subjetividade dos professores, acolhendo seus medos e anseios, e apoiá-los na relação com os estudantes com deficiências e transtornos, pensando no que é possível fazer para melhorar seus aproveitamentos. A orientação organiza os horários segundo a disponibilidade de cada professor e planeja caminhos, estratégias, momentos de reflexão e estudo, com a intenção de aprimorar, sensibilizar e acolher a equipe.

Os encontros são individuais e ocorrem durante o expediente, enquanto os estudantes participam das aulas com professores especialistas (balé, judô, teatro, música, robótica, educação física e inglês), pois os professores titulares da Educação Infantil e dos anos iniciais do Ensino Fundamental (1º ao 5º ano) não os acompanham e dispõem de cinquenta minutos para planejamento, organização e participação nas formações. No caso dos professores dos anos finais do Ensino Fundamental e do Ensino Médio, são remunerados por uma hora-aula por tal participação.

Os Movimentos Pedagógicos (MP) – que equivalem à Hora de Trabalho Pedagógico Coletivo (HTPC) nas escolas estaduais paulistas – são momentos formativos coletivos que congregam toda a equipe, da Educação Infantil ao Ensino Médio, com duração de cinquenta minutos, realizados semanalmente no período noturno e coordenados pela gestão (direção e coordenadores dos segmentos). É nessas ocasiões que se discutem temas caros ao projeto pedagógico institucional, como documentação, registro, avaliação, atendimento à diversidade, entre outros. Além disso, duas vezes por ano (em janeiro e julho) acontecem as Semanas Pedagógicas, também organizadas pela equipe de Orientação Educacional Inclusiva com base nas necessidades percebidas.

Movimentos Pedagógicos: um exemplo

Como parte da formação continuada dos professores, reunimos mensalmente os docentes em dois grupos: Educação Infantil e anos iniciais do Ensino Fundamental; e anos finais do Ensino Fundamental e Ensino Médio. Esses encontros acontecem em dias diferentes, duram cinquenta minutos e são conduzidos pela equipe de Orientação Educacional Inclusiva. A seguir relatamos uma dessas reuniões.

Jogo cilada

Esse encontro transcorreu em maio de 2021 e contou com a presença da psicóloga escolar, que faz parte da equipe. O objetivo foi provocar os professores diante de uma situação desconhecida – o que acontece toda vez que recebem um estudante com necessidades especiais. Eles foram convidados a jogar cilada[3] individual-

---

3 Cilada é um jogo de raciocínio e lógica, um quebra-cabeça em que devem ser encaixadas peças em um tabuleiro, sem que nenhuma delas sobre.

mente, seguindo a instrução para descobrir a sequência e encaixar todas as peças, sem deixar nenhuma de fora. Logo após, abriu-se uma roda de conversa, norteada pelas seguintes questões:

- Como foi realizar essa atividade sozinho?
- Você acha que em grupo poderia se sair melhor? Por quê?
- Quais as estratégias utilizadas?
- Quais conhecimentos você utilizou?
- Esse jogo trouxe alguma lembrança? Em caso afirmativo, qual?

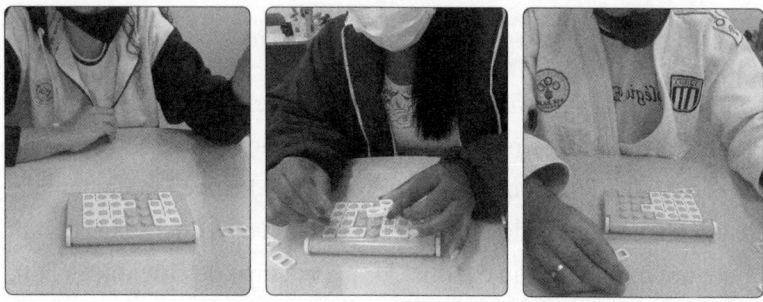

Figura 1: Professores jogando cilada. (Fonte: Colégio Educar Guarulhos.)

Vejamos de que maneira quatro desses professores reagiram.

Professora A – Educação Infantil

Mostrou-se aflita, preocupada e pressionada pelo tempo. Decidiu não dar sequência ao jogo, alegando respeitar seus próprios limites. Durante a roda de conversa, pontuou:

> *Fazer sozinha foi tranquilo, porém não consegui terminar. Me fez parar, analisar, ver que estava no caminho errado e*

> tentar novamente, só não terminei. Com certeza em grupo seria melhor, gosto do grupo, da parceria. Não gosto muito do individual, gosto sempre de ter alguém comigo. A estratégia que usei foi analisar as peças e os encaixes, maneiras que daria para encaixá-las. Então, as tirei e coloquei em outros lugares, para ver se conseguia melhor encaixe. De conhecimentos, não trouxe nada de imediato, foi bem neutro. Me trouxe a lembrança de infância, de estar junto com os amigos, brincando juntos e encaixando as pecinhas. Eram peças mais durinhas, diferentes.

Professora B – Ensino Fundamental, anos iniciais
Revelou-se agitada, irritada, apressada e preocupada com o tempo. No decorrer do jogo utilizou justificativas antecipadas para seus possíveis erros. Decidiu não continuar a atividade, alegando que é preciso saber parar e que tem tentado trabalhar isso em si mesma. Durante a roda de conversa, relatou:

> Na hora do jogo tentei buscar tranquilidade. Estava cansada e fui conversando comigo mesma. Em grupo poderia ter sido melhor, porque o outro é preciso; teria a troca e a escuta do que se faz. Usei como estratégias: visualizar e reconhecer as peças, concentração, e até onde eu poderia ir. Utilizei o conhecimento ao reconhecer as formas e o posicionamento das peças. Enquanto lembranças, o fato de brincar sempre deixa a gente mais tranquila e tira o peso das costas. Não deixa de lembrar a infância.

Professora C – Ensino Fundamental, anos finais

Apresentou-se empática e agitada. Mostrou-se rápida, segura, concentrada, surpresa, persistente e ansiosa após a primeira tentativa. Pareceu inconformada e frustrada a cada insucesso. Estava preocupada com o tempo e em conseguir realizar o desafio, questionando se outros professores haviam tido sucesso. Conseguiu completar o jogo, comemorou e pareceu alegre. Durante a roda de conversa, comentou:

> Me veio a vontade de brincar assim que vi o jogo. Quando estava montando, até pensei que fiz várias tentativas de maneira mais leve, e que não faço isso no real, fico mais preocupada e tensa. No jogo, veio o desafio e a vontade de conseguir; quando eu pego algum desafio, quero fazer dar certo. Adoro desafios! Mas às vezes eles também me deixam frustrada. Eu gostei, não me senti sozinha, porque vocês estavam aqui, poderia conversar e perguntar. Não sei se em grupo seria melhor, mas quando pensamos juntos, um contribui com o outro. Acredito que possa ser no individual, porque muitas pessoas juntas talvez atrapalhassem – muitos pensamentos, muitos tentando encaixes diferentes –, mas as ideias ajudariam, sim. É uma questão de também tentar! As estratégias: primeiro tentei como um furacão, sem muito sentimento, depois comecei a observar as pecinhas, pensando em não deixar nenhum espaço sozinho, mas deixava um e troquei a estratégia para não deixar ninguém sozinha. Voltei para a infância, meu pai ama esses jogos. Me diverti, mesmo quando não deu certo. Gostei muito da proposta.

Professor D – Ensino Médio

Demonstrou segurança, confiança, surpresa com o jogo e preocupação com o tempo e com a observação das coordenadoras. Parecia ter pressa, mas no transcorrer do jogo comentou que não adiantava se apressar. Mostrou-se inconformado com as tentativas infrutíferas, preocupado em não conseguir e com o que aconteceria se não fosse bem-sucedido. Conseguiu o encaixe das peças e, diante do resultado, comemorou, muito feliz. Durante a roda de conversa, ele considerou:

> *Se eu não conseguisse sairia insatisfeito, pois todo problema tem solução; poucas aulas minhas não deram certo, e, quando isso aconteceu, voltei no dia seguinte e fiz novamente dar certo. Achei que ia vir conversar sobre os alunos de inclusão, aí me deparei com a orientadora e pensei: o que ela está preparando para mim? O jogo foi desafiador; eu fui falando alto todo o tempo para internalizar e me senti pressionado no começo, com vocês me observando. No dia a dia, precisamos renovar, temos um público-alvo exigente, me cobro por querer surpreender todos os dias. O estudante reconhece o esforço e acolhe, é a mesma prática pedagógica, porém com uma essência diferenciada. Se eu falhar ou errar, vou ser acolhido, pontuando o que precisa melhorar. Sozinho, não sou de disputar nada com ninguém; cada um no seu tempo. Se tivesse outra opinião do lado seria melhor, mas não tem outro que possa solucionar para você. É você e o problema. Todos os dias não são os mesmos, é isso que motiva. Quanto mais você acolhe os alunos, mais é acolhido. Em grupo, pode ser que sim e pode ser que*

não, devido às divergências. Eu sou a favor do grupo e sei que ninguém faz nada sozinho, mas tem os momentos para isso. As estratégias que usei foram respirar e refazer, respirar e refazer, pensar, analisar e ser reflexivo. Conhecimento, lógica. Me fez lembrar dos desafios da vida; eu sou maior que esse problema.

Síntese

Todos os professores se preocuparam com o tempo – seja do jogo ou daquele destinado às suas atividades –, e, quando não conseguiram geri-lo conforme planejaram, sobreveio a impotência e a frustração. Ficaram patentes o esforço e a dedicação na tarefa proposta, o que pode ser estendido para o desempenho de suas funções no cotidiano: eles procuram fazer o melhor, criando recursos pessoais para lidar com os desafios.

A Sala de Recursos Multifuncionais

A contratação de uma profissional dedicada ao Processo Educacional Inclusivo foi o germe da constituição do setor de Orientação Educacional Inclusiva, que contempla todos os nossos estudantes. No início, os atendimentos individuais eram realizados por essa profissional em espaços coletivos que estivessem disponíveis, como biblioteca, refeitório, pátio e gramado. Também eram utilizadas as salas dos professores e da coordenação, quando possível.

Com o passar do tempo, a escola adquiriu um novo terreno, onde foi construída a Sala de Recursos Multifuncionais. Todos os estudantes podem ser atendidos ali, mas o uso da sala é preferencialmente voltado àqueles com deficiências ou transtornos. Atualmente esse espaço conta com cinco profissionais: além da orientadora educacional inclusiva, há quatro auxiliares de orientação que trabalham no atendimento individual de cada aluno e, quando necessário, intervêm em sala de aula para ajudar o professor.

A orientadora acompanha o trabalho dos professores regulares e dos auxiliares de orientação que atuam na Sala de Recursos Multifuncionais, sendo responsável pelas formações continuadas nesse âmbito (alguns MP) e pelas reuniões individuais sobre os estudantes (MPII). Ela ainda conduz reuniões bimestrais com os professores regulares, nas quais faz devolutivas individuais sobre os alunos, pontua os avanços e sugere caminhos para ajudá-los nas atividades diárias.

Essa profissional lê todos os documentos dos estudantes que participam do Processo Educacional Inclusivo, tanto os que estão nos prontuários quanto os da plataforma individualizada (veja mais a partir da página 59). Ela intervém nos registros dos professores, apontando possíveis adaptações curriculares, e seus direcionamentos servem de apoio à equipe. Ela também participa de reuniões com a gestão, relatando o trabalho realizado pela equipe e destacando situações cotidianas emblemáticas, além de atender as famílias e organizar a Sala de Recursos Multifuncionais.

O objetivo dos atendimentos é diminuir as barreiras que impedem as interações e aprendizagens desses estudantes, valorizando sempre suas relações sociais e o desenvolvimento da autonomia. Os alunos são recebidos de uma a três vezes por semana, em sessões de cinquenta minutos, durante as aulas de português e matemática, pois grande parte deles participa de outros atendimentos terapêuticos no contraturno. Seguimos uma regra básica: nenhum estudante pode ser retirado das atividades interdisciplinares (balé, judô, teatro, música, robótica, educação física e inglês), nem das atividades lúdicas que promovem as relações sociais. Muitas vezes esses alunos têm ótimo aproveitamento nessas aulas, e consideramos que eles não devem ser privados de tais momentos ricos em trocas com seus pares.

Em geral, atendemos uma ou duas vezes por semana aqueles que apresentam dificuldades específicas nos componentes curriculares; priorizamos português e matemática e a necessidade de organização pessoal. Os alunos que mais precisam podem participar até três vezes por semana – aqueles que não usam linguagem verbal, não estão alfabetizados, não brincam ou não interagem com outras crianças e jovens.

Figura 2: Sala de Recursos Multifuncionais. (Fonte: Colégio Educar Guarulhos.)

Os estudantes que acompanham as expectativas de aprendizagem para sua faixa etária não frequentam atendimentos individuais, mas são acompanhados por meio de observações em sala de aula, registros, documentações e momentos de conversa com os professores. A Sala de Recursos Multifuncionais foi concebida para ser um ambiente aconchegante e de pertencimento. Por isso, uma das paredes é alegremente florida, o que desperta a curiosidade de quem entra ali pela primeira vez. O mobiliário consiste em uma mesa com quatro cadeiras pequenas para as crianças menores, uma mesa redonda com três cadeiras para os alunos maiores e uma mesa de professor. Além desses móveis, há um arquivo onde são guardados os documentos dos estudantes (histórico de vida, laudo médico, atualizações de especialistas, medicações e relatórios, entre outros).

Os materiais

Na Sala de Recursos Multifuncionais, há um armário com brinquedos (bonecas, carrinhos e réplicas de animais), jogos (bingo das letras e números, Cara a Cara, Batalha Naval, Palavra Secreta), livros e revistas, caixas de areia, massinhas de modelar e materiais não estruturados (caixas, tampinhas etc.). Esses itens foram adquiridos considerando-se as necessidades dos estudantes e dos profissionais que ali atuam, bem como o custo e a efetividade.

Lançamos mão de recursos simples para envolver os alunos em brincadeiras simbólicas, o que promove a experimentação de diferentes objetos. Com a imitação de personagens e gestos, e por meio de fazeres cotidianos, eles podem desenvolver importantes habilidades, como a fala e a contação de histórias, além de empatia, criatividade e interação social.

Alguns jogos são usados para apoiar a apropriação da leitura e da escrita, bem como da contagem de quantidades e da grafia de números. Outros são propostos para trabalhar lógica e diferentes estratégias de resolução de problemas. Também montamos circuitos para melhorar a coordenação motora, focalizando aspectos como equilíbrio, movimento de pinça e lateralidade. Em todos esses contextos, observamos atentamente os estudantes e nos colocamos abertos à escuta, descobrindo e compreendendo a maneira como cada um deles aprende e atribui significado às experiências ali vividas.

Os registros dos professores de sala de aula e da Sala de Recursos Multifuncionais servem como base para reflexão sobre as necessidades de cada aluno e como ponto de partida para planejar situações que os desafiem, de modo a instigá-los a avançar em suas aprendizagens. Dessa maneira, acionamos nossa criatividade para inventar estratégias e adaptações curriculares de acordo com as necessidades individuais.

O ACOLHIMENTO DOS ALUNOS

Temos muito orgulho de nosso Processo Educacional Inclusivo, mas não podemos deixar de admitir que o desconhecido traz ansiedade e insegurança. No início de cada ano, é comum ouvirmos, nas conversas entre professores, perguntas como: qual será minha turma? Quem serão os estudantes? Essas questões revelam a expectativa de saber se, em sua classe, haverá algum aluno com deficiência ou problemas de aprendizagem, o que também traz inquietações do tipo: será que saberei ensinar-lhe? Darei conta do desafio?

No cotidiano, frequentemente nos vemos diante de estudantes que, mesmo sem diagnósticos ou laudos, apresentam dificuldades de aprendizagem, apesar do nosso esforço em oferecer atividades diversificadas e acompanhamento individualizado – é a realidade nos mostrando que toda sala de aula é heterogênea e há alunos que não aprendem como gostaríamos. O que fazer?

Quando isso acontece, iniciamos um processo de avaliação diagnóstica, que inclui acolher a maneira de ser daquele aluno e considerar as observações realizadas pela equipe.

Nesse momento, é importante fazer uma distinção entre acolher quem chega e esperar que a pessoa se adapte. Na primeira atitude, reconhecemos as peculiaridades de cada estudante e os recebemos hospitaleiramente; ouvimos o que têm a dizer e mostrar e lhes damos as boas-vindas. O cerne dessa ação é, ao mesmo tempo, abrigar e inseri-los no espaço social do colégio. Afinal, o termo "acolher" deriva do latim *acolligere*, que significa hospedar, abrigar, dar acolhida, atender, dar ouvido, juntar e reunir.

"Adaptar", por sua vez, vem do latim *adaptare*, com o sentido de ajustar, tornar capaz de. Nessa perspectiva, espera-se que o estudante se ajuste ao local. Em nossa concepção, não é o estudante com dificuldades que precisa se adaptar ao seu entorno, e sim a escola e a sociedade que devem acolhê-lo. Entendemos que, ao educar, existe uma via de mão dupla: o aluno vem a nós, e nós, enquanto instituição, caminhamos em direção a ele.

Feita a avaliação diagnóstica, propomos reuniões com as famílias, a fim de escutá-las e orientá-las, buscando construir uma parceria na criação de estratégias que promovam as aprendizagens daquela criança ou daquele jovem. Tal parceria apoia a família na conscientização de que são necessárias intervenções específicas para fazer avançar as aprendizagens do seu filho e que será preciso contar com especialistas para investigar o motivo das dificuldades. Temos claro o nosso papel, enquanto instituição educativa, de estabelecer essa parceria para que possamos rumar juntos em direção ao desenvolvimento escolar daquele estudante – mesmo antes de haver um laudo médico.

Ao ouvirmos algum professor reportar dificuldades de aprendizagem de um aluno, a orientadora educacional passa a acompanhar aquela sala ainda mais de perto, fazendo observações ao menos duas vezes por semana para coletar dados. Seus registros subsidiarão o direcionamento da atuação do professor e apresentarão dados da realidade às famílias, no momento das entrevistas.

Quando um aluno apresenta dificuldades, é comum a escola assumir uma atitude de espera, aguardando o laudo médico como se ele tivesse um grande impacto nas decisões a serem tomadas para apoiar o aprendizado daquele estudante. Sabemos que cada ser humano é único e que o laudo não traz consigo uma receita de como lidar com a pessoa a quem ele se refere. Por isso, nossas ações são sempre feitas em busca de maneiras de conectar os estudantes com o conhecimento, promovendo suas aprendizagens.

Vale destacar o movimento de medicalização em curso na atualidade, que consiste na tentativa de reduzir o fracasso escolar a questões de saúde – médicas ou psicológicas. Em uma pesquisa que se debruçou sobre 474 relatórios de alunos de Santo André (SP), no período de 2012 a 2014, para analisar a relação entre as queixas de professores e os diagnósticos emitidos pela equipe clínica multidisciplinar responsável, Pires aponta que foram atribuídos transtornos a todos os estudantes encaminhados. Destaca, ainda,

> a excessiva quantidade de diagnósticos de deficiência intelectual evidenciando o processo de medicalização do baixo rendimento escolar; o QI como determinante da deficiência intelectual e a intensa utilização de instrumentos padronizados que reduzem o fracasso escolar a questões de condições biológicas ou psicológicas desses alunos. (PIRES, 2021, p. 8)

Muitas vezes, antes de indicar uma consulta médica, nosso colégio encaminha as famílias a outros profissionais de saúde, como psicólogos, fonoaudiólogos, psicopedagogos e neuropsicólogos. Esses especialistas produzem documentos orientadores, com sugestões para melhorar o desempenho escolar do estudante. Além disso, esses relatórios podem ajudar o médico a chegar a um diagnóstico.

Com o documento dos especialistas em mãos, o colégio faz um relatório detalhado acerca do desenvolvimento do aluno, em que constam suas habilidades e dificuldades cognitivas, sociais e afetivas, assinalando quando elas se manifestam no cotidiano escolar.

Já o laudo é um relatório formal com o resultado da avaliação realizada por um médico certificado (por exemplo, um neurologista, neuropediatra ou psiquiatra). Em geral, esses laudos contêm o diagnóstico, mas não apontam o que é necessário para que o estudante faça frente aos desafios e avance em seu processo de aprendizagem. Portanto, sua importância é relativa para o Colégio Educar Guarulhos, que vai lançar mão de todos os seus recursos pedagógicos e mais aqueles que forem criados para ajudar cada aluno a avançar no caminho de aprendiz.

DICAS DE ACOLHIMENTO AOS ESTUDANTES

Essas dicas dizem respeito a todos os estudantes que apresentam alguma dificuldade em seu processo de aprendizagem. Não é necessário ter um laudo médico para começar a fazer intervenções simples, como:

- Apresentar os espaços escolares ao estudante no primeiro dia de aula, principalmente banheiros e bebedouros.
- Acompanhá-lo individualmente.
- Sentá-lo o mais próximo possível do professor.
- Mantê-lo longe de portas, janelas e lugares com excesso de estímulos.
- Chamar o estudante pelo nome ou por meio de toques sutis antes de começar a falar, para captar sua atenção.
- Explicar as propostas de maneira simples e pontual. Repetir a informação quantas vezes forem necessárias, usando frases e palavras diferentes.
- Perguntar ao aluno se tem dúvidas e se entendeu o que precisa ser feito. Po-

de-se pedir que ele repita a informação, para certificar-se do entendimento.
- Ajudar com comandos orais nos momentos de organização: "hora de pegar o livro", "hora de guardar o estojo", "hora de ir para o lanche", "precisa fechar a mochila".
- Antecipar o que será feito em aula ou nas atividades posteriores, para que o estudante se localize no tempo e no espaço.
- Solicitar que anote os prazos de entrega das propostas no caderno ou na agenda – pode-se sugerir o uso de canetas coloridas e notas adesivas.
- Elogiar cada etapa concluída.
- Incentivar a participação em tarefas que auxiliem a autonomia, como buscar materiais, distribuir atividades etc.
- Nos momentos de conflito, incentivar o estudante a contar como se sente e a dar sugestões sobre como resolver o problema.
- Informar os responsáveis quando observadas dificuldades, antes das reuniões de pais.

O Processo Educacional Inclusivo

Nas escolas, é comum utilizarmos a palavra "apoiar". Vejamos seu significado no Dicionário Online de Português (2009): sustentar, suportar, aprovar, aplaudir, confiar. No nosso colégio, apoiar significa acreditar. Cremos que todos somos essenciais para que o trabalho aconteça; que todos aprendem e todos ensinam; que a comunicação cristalina promove reflexões e aprimora nossa prática; que fazemos diferença para a comunidade de estudantes, famílias e educadores.

Foi nesse sentido que criamos o Processo Educacional Inclusivo, equivalente ao que o Ministério da Educação denomina como AEE, com a função de

> identificar, elaborar e organizar recursos pedagógicos e de acessibilidade que eliminem as barreiras para a plena par-

ticipação dos alunos, considerando suas necessidades específicas. Esse atendimento complementa e/ou suplementa a formação dos alunos com vistas à autonomia e independência na escola e fora dela. (BRASIL, 2009, p. 1)

A finalidade de nosso Processo Educacional Inclusivo é garantir aos educandos com deficiências ou transtornos globais de desenvolvimento o direito a uma educação de qualidade, pautada no respeito e na dignidade da pessoa humana. Utilizamos essa nomenclatura para nos referirmos ao seu percurso escolar, e não apenas aos atendimentos oferecidos, pois nosso foco é seu desenvolvimento integral.

Ao recebermos uma família com intenção de matricular seu filho no Colégio Educar Guarulhos, o setor de Orientação Educacional apresenta nossa proposta, a rotina dos estudantes e nosso Processo Educacional Inclusivo. Também é um momento para os pais apresentarem suas dúvidas.

Então a orientadora educacional expõe o caso aos professores, compartilhando as informações obtidas até aquele momento, e abrimos nossa escuta para suas expectativas e inseguranças, reconhecendo-as. Respondemos às suas incertezas, na medida do possível. Às vezes, as dúvidas dos professores versam sobre o diagnóstico. Reafirmamos que cada criança, cada jovem, é singular, e isso independe do diagnóstico. Por meio de conversas colaborativas, traçamos os primeiros passos com o estudante: estratégias para interações sociais e realização das atividades diárias. O acompanhamento do trabalho, com a socialização dos avanços e das dificuldades, é realizado tanto nas formações coletivas (MP) quanto nas discussões individuais dos casos (MPII), como citado anteriormente.

Chega a hora de recebermos o estudante: a orientadora educacional acompanha sua rotina escolar nos primeiros dias, realizando as intervenções no espaço em que se fizerem necessárias para garantir a mobilidade do aluno. Também são adotadas medidas em relação aos comportamentos inadequados, por meio de ações que o ajudem tanto no convívio com os colegas e adultos quanto na participação do cotidiano escolar (por exemplo, ensinamos ao aluno a se sentar na cadeira e não no chão durante as atividades; a não rasgar o caderno ou os livros; e a manter os sapatos calçados).

Consideramos que o estudante precisa de certo tempo para conhecer e acomodar-se ao ambiente. Assim, permitimos que explore, toque e experimente a escola, seja ficando de pé para observar, seja transitando pelo espaço, por exemplo. Isso pode ser rápido ou demorar semanas, mas sabemos que é uma fase fundamental para que ele fique bem na escola.

As observações iniciais – sobre o que o estudante é capaz de fazer sozinho e no que precisa de ajuda – são a base para elaborar estratégias do trabalho pedagógico, direcionando as adaptações curriculares necessárias para que ele se depare com desafios possíveis e significativos. Se necessário, utilizamos reforços positivos após cada conquista, como a entrega de objetos de que o aluno goste muito (bonecas, plantas, um brinquedo de casa); ou a visita a ambientes preferidos da escola (parque, tanque de areia).

Adaptar ou reduzir?

É recorrente nas escolas uma compreensão equivocada a respeito de adaptar e reduzir. Como vimos, o sentido da palavra "adaptar" é "ajustar uma coisa a outra". As adaptações curriculares, portanto, deveriam ser um *ajuste* dos conteúdos trabalhados em sala para determinado aluno. Entretanto, é comum vermos que, aos estudantes com deficiências ou transtornos de aprendizagem e desenvolvimento, são oferecidas atividades muito diferentes daquelas que seus colegas de classe estão fazendo.

Atendemos famílias que relatam que, na escola anterior, seus filhos recebiam apostilas totalmente diversas do restante da turma, cujas capas vinham com a denominação de diferentes diagnósticos (síndrome de Down, autismo etc.); ou, ainda, folhas separadas, destinadas a desenhos ou pinturas que não faziam referência aos conteúdos em andamento. Por fim, muitas vezes o estudante era retirado de sala para fazer outra atividade, pois "não seria capaz" de participar da aula. Outras queixas frequentes se referem à discriminação, ao abandono do aluno e à falta de convivência, o que os pais apontam em falas como "meu filho ficava solto pelo ambiente, sem fazer nada" ou "meu filho não tem amigos".

As adaptações curriculares têm como objetivo promover as aprendizagens dos estudantes. Mas será que essas adaptações de fato consideram a potência deles? Ou são uma resposta rápida e pouco refletida, baseada em uma concepção de incompetência de crianças e jovens com deficiências ou transtornos? Talvez por compadecimento aumente-se a proteção, evitando que a criança – vista como muito frágil e sensível – seja colocada em situações das quais não conseguirá participar. Assim a poupamos, deixando-a descansar, ficar com seus brinquedos ou objetos preferidos. Não procuramos elevar seu nível de desenvolvimento.

Quando se age assim, mesmo sem intenção, deixa-se de olhar para os estudantes como seres capazes, com potencialidades, partindo do pressuposto de que determinada criança ou jovem não conseguirá participar da proposta. Dessa maneira, deixa-se de incentivar sua curiosidade, suas descobertas, as experiências possíveis e as produções autorais, além de restringir seu convívio social, pois o aluno é separado da turma. Os conteúdos são reduzidos – lembrando que "reduzir" significa, segundo o Dicionário Online de Português (2009), "fazer ficar menor; diminuir, limitar".

Ao partirmos do princípio de que somos todos singulares, podemos compreender que, de uma forma ou de outra, qualquer estudante necessita de adaptações curriculares. Como professores, temos um dos mais interessantes trabalhos: descobrir como cada aluno aprende. Há estudantes que precisam de explicações mais detalhadas; outros, de material concreto para progredirem nas operações matemáticas; alguns avançam com o apoio de grafismos, como esquemas ou desenhos; e ainda existem os que se saem melhor respondendo oralmente, pois têm dificuldades com a língua escrita.

As adaptações curriculares, vistas dessa maneira, denotam a meta dos professores de conhecer cada estudante para fazer avançar a aprendizagem de todos. Esse modo de pensar coloca por terra um dos lemas escolares mais antigos: o de que todos aprendem ao mesmo tempo e do mesmo modo. Na nossa concepção, o foco do processo de ensino-aprendizagem é o estudante – o papel do professor é descobrir como facilitar as aprendizagens.

Vale lembrar que o professor coordena uma turma – e um grupo é mais do que a soma dos seus participantes. Por isso, ele precisa cultivar um ambiente acolhedor, organizando seu funcionamento de modo que todos possam dar o seu melhor e ser produtivos. É pensando em todos e em cada um que o professor faz seu planejamento. A proposta coletiva pode ser a mesma, lançando mão de recursos e estratégias diferenciadas para desafiar os alunos individualmente.

Estudantes com deficiências ou transtornos demandam atenção ainda maior do docente, a fim de evitar exclusões. Algumas perguntas podem nortear esse acompanhamento cuidadoso:

- Quais as habilidades de determinado estudante? O que ele é capaz de fazer com autonomia?
- Quais ajustes podem ser realizados nas propostas coletivas para que ele consiga progredir em suas aprendizagens?
- Que auxílios podem ser oferecidos para que ele consiga participar?
- Que provocações fazer ao grupo para estimular os alunos a interagirem entre si?

Adaptações curriculares

As adaptações curriculares são realizadas na parceria entre os professores de sala regular e os profissionais da Sala de Recursos Multifuncionais. Durante esses encontros, eles trocam observações e informações para escolher as habilidades específicas sobre as quais recairá seu foco.

Para ajustar as propostas, é preciso ter claras as necessidades de cada estudante, e, além da própria criatividade, os professores contam com o apoio da equipe de Orientação Educacional Inclusiva. O que os alunos são capazes de fazer sozinhos? O que podem fazer com alguma ajuda? Que tipo de ajuda é desafiante? Com base nas observações e nos registros, criamos estratégias para o trabalho pedagógico e adaptamos o currículo para oferecer aos estudantes desafios possíveis e significativos, valorizando seus conhecimentos anteriores como oportunidades efetivas de aprendizagem.

Em propostas individuais que exigem registro escrito, como atividades dos livros didáticos, instruções em cadernos ou textos impressos, propomos as seguintes soluções para os estudantes que ainda não leem ou escrevem, ou que o fazem com muita dificuldade:

- Escrever palavras-chave relativas ao tema tratado pelo professor que sintetizem as ideias abordadas.
- Buscar, recortar e colar uma imagem que represente o processo em questão (ciclo da água, por exemplo).
- Localizar as respostas no próprio texto e circulá-las ou pintá-las.

Quando necessário, o professor pode anotar no livro didático que a proposta foi realizada em grupo.

No caso dos enunciados, podemos mantê-los com algumas adaptações. Por exemplo, em propostas de operações matemáticas, é possível adequar a grandeza dos números: em vez de usar dezenas (15 e 23) ou centenas (325 e 543), usamos unidades (5 e 3) para somar, subtrair, multiplicar e dividir, até que o estudante avance em suas aprendizagens. Também disponibilizamos materiais concretos para a turma, e os alunos podem escolher utilizá-los sempre que quiserem. Isso beneficia os estudantes que precisam concretizar as operações ou contagens antes de registrá-las.

Com relação ao apoio docente, quando o professor de sala precisa de ajuda imediata, pode solicitar a presença da orientadora ou dos auxiliares de orientação (por exemplo, diante de questões comportamentais, choros excessivos, gritos, inquietação). O profissional chamado usará novas estratégias para lidar com a conjuntura, ou proporá uma mudança de ambiente, para que o estudante se acalme. Entretanto, se a situação for mais complicada, os professores podem acionar o setor de Orientação Educacional ou a gestão, por meio de uma ligação telefônica ou do envio de uma mensagem com a palavra "urgente".

O que a pandemia nos ensinou

Em 2020 a pandemia de covid-19 surpreendeu todos e obrigou as escolas a migrarem de maneira inesperada para o ensino remoto. Foi necessário adquirirmos uma plataforma educacional para atender os nossos estudantes. Durante esse período, os alunos do Processo Educacional Inclusivo frequentaram as atividades on-line com os colegas de sala e contaram com um link encaminhado pelos profissionais da Sala de Recursos Multifuncionais, disponibilizando atendimento no horário de funcionamento da escola para esclarecer dúvidas e ajudar tanto os alunos quanto as famílias nas tarefas pós-aula.

Quando foi possível, retomamos a rotina escolar e tivemos que investir fortemente no convívio social e no apoio emocional a todos os estudantes. Mas também houve ganhos, pois os professores incluíram em suas didáticas algumas práticas recém-descobertas, relativas ao ensino on-line, como a sala de aula invertida e a rotação por estações, além de atividades lúdicas – sempre com o objetivo de colocar em jogo várias habilidades na mesma proposta. Essas estratégias passaram a fazer parte do cotidiano escolar, beneficiando todos.

ENSINO HÍBRIDO

Incorporamos duas técnicas de ensino híbrido em nossas estratégias:

- **Sala de aula invertida:** trata-se da inversão dos ambientes em que são realizadas as atividades no ensino tradicional. O que era feito na escola passa a ser feito em casa, para ser concluído na aula – os alunos estudam o conteúdo on-line em casa, preparando-se para a aula. Em sala, são organizadas discussões, dinâmicas de grupo e diferentes propostas (BERGMANN; SAMS, 2020).

- **Rotação por estações:** criam-se diferentes ambientes em um espaço de aprendizagem, formando uma espécie de circuito. Isso permite que os estudantes abordem determinado conteúdo de diversas maneiras, ou seja, cada estação deve propor uma atividade diferente sobre o tema central (SANTIAGO; CANTO-DOROW; PIGATTO, 2018). Essa estratégia visa desenvolver a criatividade e a organização dos estudantes, bem como sua capacidade de solucionar problemas, trabalhar em grupo e construir seu próprio conhecimento, além de estimular uma visão sistêmica do problema, colocando em prática suas múltiplas habilidades.

A parceria com a família

Como tratamos anteriormente, a sociedade contemporânea tem sido marcada por um movimento de medicalização da infância, e isso tem repercutido na maneira como as famílias lidam com as dificuldades de aprendizagem de crianças e jovens, que a qualquer dificuldade escolar são encaminhados para atendimento médico. Por outro lado, quando as famílias se deparam com o diagnóstico de algum transtorno ou deficiência, passam pelo luto relacionado à ideia de um filho normal.

Esse é um momento muito delicado, em que elas precisam elaborar a notícia e enfrentar as demandas que se colocam: procurar outras opiniões médicas, buscar profissionais especializados e capazes de apontar os possíveis tratamentos. São essas famílias que atendemos e acompanhamos, oferecendo conhecimentos que construímos ao longo de nossa história e escutando o que elas têm a dizer.

Ao ingressar no Processo Educacional Inclusivo, pedimos à família que preencha alguns documentos. Nossa intenção é construir um relato com o máximo de informações para subsidiar a tessitura de um processo educacional de qualidade e respeito. O primeiro desses documentos é o histórico de vida, em que os familiares respondem de próprio punho à proposição: "Descreva brevemente a história de vida de seu filho. Considere informações importantes como: gestação, nascimento, hospitalizações, cirurgias, doenças, histórico familiar, histórico escolar, terapias e atendimentos recebidos, alimentação etc.".

O segundo documento é a atualização de dados específicos, um formulário digital compartilhado, que deve ser preenchido ao menos uma vez por ano, para que tenhamos as informações mais acuradas sobre os atendimentos que o estudante está recebendo. São solicitadas as seguintes informações: nome do aluno; idade; série/ano escolar; se usa medicamentos e quais; se apresenta problemas de saúde e quais; se faz acompanhamento com algum especialista; a frequência desses atendimentos (quantas vezes por semana, mês ou ano); se são realizados na rede privada ou no Sistema Único de Saúde (SUS); se faz reforço ou outras atividades (esporte, artes etc.) fora do ambiente escolar.

Para que um estudante participe do Processo Educacional Inclusivo, os responsáveis devem preencher a Autorização para Atendimento Individual com seu nome completo, número do RG, nome do estudante, série/ano e assinar, assentindo que seu filho compareça ao AEE nos horários normais de aula, durante sua permanência no colégio, devido aos motivos que ali constam.

Todos esses documentos são arquivados no prontuário do aluno e digitalizados na plataforma individualizada.

No caso de estudantes que já têm laudos médicos, explicamos às famílias o modo como o colégio costuma proceder e as estratégias possíveis: adaptação curricular, acompanhamento individual, atendimento na Sala de Recursos Multifuncionais, elaboração do Plano Educacional Individualizado (PEI). Temos um rol de profissionais especialistas que já atenderam outros alunos da instituição e realizaram um bom trabalho; compartilhamos essas indicações, caso se faça necessário.

Assim que percebemos um estudante com dificuldades, marcamos uma entrevista com a família para compartilhar nossas observações e registros, apontando caminhos para ajudá-lo, o que pode ser feito por meio de atividades de recuperação contínua, pela sugestão de reforço ou por acompanhamento fora do ambiente escolar. Também orientamos a família a organizar a rotina em casa para os momentos de estudo. A cada entrevista, escrevemos uma ata que, ao final, é lida e assinada por todos os participantes.

Nos encontros com as famílias para ouvi-las, elas têm muito a dizer sobre seus filhos, mas costumam ser ignoradas ou até desconsideradas. É nosso papel acolhê-las e estabelecer uma parceria para que as ações possam surtir o melhor efeito sobre as aprendizagens de seus filhos. Mostrar que estamos de braços dados é fundamental, por isso fazemos quantas entrevistas forem necessárias até perceber que o vínculo está sólido e a situação, transparente.

Todavia, apesar de todo esse movimento, há ocasiões em que enfrentamos adversidades no que diz respeito a conscientizar as famílias da importância de o estudante permanecer nos atendimentos, de retornar aos especialistas e, principalmente, em relação ao uso contínuo da medicação. Nem sempre as coisas dão certo, mas temos clareza de que nosso papel é buscar novas estratégias de aproximação com as famílias para firmar um forte vínculo de confiança.

As equipes multidisciplinares

Também costumamos promover encontros com as equipes multidisciplinares, compostas pelos profissionais especialistas responsáveis pelos atendimentos terapêuticos de nossos estudantes fora da escola, como psicólogo, psicopedagogo, fonoaudiólogo, terapeuta ocupacional, musicoterapeuta, entre outros. A equipe de Orientação Educacional Inclusiva participa desses encontros, nos quais compartilhamos nossos conhecimentos, percepções e observações, alinhamos intervenções e combinamos no que vamos coletivamente centrar nossos esforços com cada estudante (coordenação motora, equilíbrio, comunicação verbal, organização dos pertences, leitura e escrita, por exemplo).

Cada especialista, então, trabalha para alcançar os objetivos definidos. A intenção é criar uma parceria frutífera – afinal, todos queremos o melhor para essas crianças e jovens.

CENTRO DE ATENÇÃO PSICOSSOCIAL

Ligados ao Ministério da Saúde e ao SUS, os Centros de Atenção Psicossocial (CAPS) são serviços abertos para atender pessoas com sofrimento psíquico, com vistas à recuperação da saúde mental e à integração do paciente na família e na comunidade.

Atuam ali equipes multiprofissionais que lançam mão de diferentes intervenções, como psicoterapia, terapia ocupacional, acompanhamento psiquiátrico, reabilitação neuropsicológica, oficinas terapêuticas, medicação assistida, entre outras. Seu objetivo é atender as pessoas com transtorno mental severo e persistente, bem como seus familiares.

Para ser atendido, pode-se procurar espontaneamente o CAPS que contempla a região onde se mora, ou ser encaminhado por qualquer serviço de saúde.

Esses encontros são realizados pelo menos uma vez por ano, para atualização de ambas as partes. Se forem on-line, são gravados; se forem presenciais, anotamos as principais decisões, lemos coletivamente a ata, e todos os participantes assinam a folha de registro. Em seguida, o documento é arquivado na plataforma individualizada, constituindo o histórico do aluno.

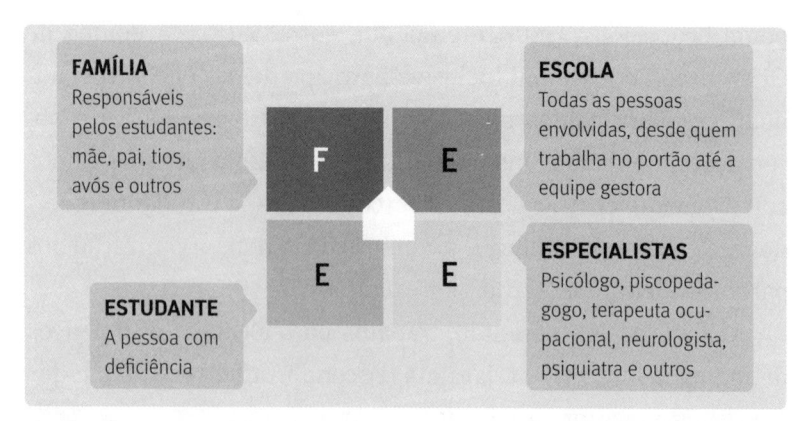

FAMÍLIA			ESCOLA
Responsáveis pelos estudantes: mãe, pai, tios, avós e outros	F	E	Todas as pessoas envolvidas, desde quem trabalha no portão até a equipe gestora
ESTUDANTE A pessoa com deficiência	E	E	ESPECIALISTAS Psicólogo, piscopedagogo, terapeuta ocupacional, neurologista, psiquiatra e outros

Figura 3: O Processo Educacional Inclusivo e seus atores. (Fonte: Colégio Educar Guarulhos.)

Os relatórios desses profissionais também são colocados na plataforma, de modo que possam ser acessados por todos os interessados. Por sua vez, a escola registra os avanços e dificuldades observados no que diz respeito tanto aos aspectos sociais quanto às aprendizagens escolares. No final, apontamos sugestões para prosseguir. O relatório é enviado à família, aos médicos e aos especialistas que acompanham aquele estudante.

Essa teia de relações positivas dá sustentação ao trabalho pedagógico que planejamos e colocamos em prática. Quanto maiores a confiança e a parceria, melhor flui o trabalho. O alinhamento e a cooperação coletiva fazem com que os objetivos sejam partilhados e favoreçam o avanço das aprendizagens dos estudantes.

Entretanto, há situações em que alguns especialistas não retornam os contatos do colégio. Nesses casos, a Orientação Educacional Inclusiva continua insistindo ou sugerindo que a família procure uma segunda avaliação, com novos profissionais.

O ACOMPANHAMENTO DOS ALUNOS

Consideramos os registros um diferencial de nossa atuação, pois eles apoiam a tomada de decisões e dão visibilidade ao trabalho que desenvolvemos. Os registros são base para a reflexão dos professores-pesquisadores, que investigam suas práticas. Tais documentos nos permitem retomar o percurso e formular indagações que possibilitam criar novas estratégias, adequadas a cada estudante.

Madalena Freire (2008) enfatiza a importância dos registros escritos na construção do papel de professor reflexivo, compromissado com aprendizagens significativas de seus alunos. A autora destaca o esforço e a persistência necessários para tornar o ato de escrever uma libertação, já que ele instrumentaliza o pensar. A escrita reflexiva do professor – como recurso para conhecer a si mesmo, ao outro e ao mundo – não é fácil, porque requer o entrelace da linguagem oral com a escrita. Escrever é se comprometer com o que se faz.

Os registros contam a história das escolhas e refletem o posicionamento em relação à docência: cada um ilumina aquilo que faz sentido para si, pois "agir, em essência, é escolher, e escolher consiste em combinar adequadamente conhecimento, imaginação e decisão no campo do possível", como afirma o filósofo espanhol Fernando Savater (2004, p. 37).

No que diz respeito à educação inclusiva, o registro se torna uma ferramenta fundamental. Vivenciamos muitas situações de acesso e permanência de estudantes com deficiências ou transtornos e temos clareza sobre a necessidade de manter um histórico atualizado, recheado de documentações que comprovem e ilustrem seus percursos. Tais registros são essenciais para acompanhar cada aluno individualmente, visando seu pleno desenvolvimento com base no respeito a suas particularidades.

Plano Educacional Individualizado

Segundo Oliveira (2017), embora a legislação não referencie o Plano Educacional Individual (PEI), ele é um documento obrigatório, previsto na Constituição Federal (BRASIL, 1988), no Estatuto da Criança e do Adolescente (BRASIL, 1990), na LDB (BRASIL, 1996), na Política Nacional de Educação Especial na Perspectiva da Educação Inclusiva (BRASIL, 2008) e na Lei Brasileira de Inclusão (BRASIL, 2015).

A LDB, em seu artigo 59, inciso I, prevê que os sistemas de ensino assegurem aos estudantes com deficiência, transtornos globais do desenvolvimento e altas habilidades ou superdotação "currículos, métodos, técnicas, recursos educativos e organização específicos, para atender às suas necessidades". É nesse campo que se insere o PEI, um documento que ajusta o currículo às possibilidades pedagógicas e cognitivas desses alunos.

Nunca é demais ressaltar que o princípio fundador do PEI é a inclusão, pois sua intenção consiste em oferecer oportunidades equivalentes de aprendizagem a todos os estudantes. As adequações curriculares têm por objetivo tornar efetiva a participação dos alunos com deficiências ou transtornos, atendendo às suas especificidades. Desse modo, as ações devem estar alinhadas com o conteúdo curricular trabalhado com a turma.

COMO ELABORAR UM PLANO EDUCACIONAL INDIVIDUALIZADO

Para começar, é necessário traçar o perfil do estudante, compreender suas habilidades e necessidades.

A seguir, definem-se objetivos e metas: o que vai ser trabalhado? Quais as expectativas de aprendizagem? Onde esperamos que o aluno chegue? Em quanto tempo? "O objetivo é aquilo que o aluno deverá alcançar e a meta refere-se a quando e quanto daquele objetivo o aluno deverá alcançar, ou seja, o foco da avaliação estará no que foi proposto para ele" (MASCARO; REDIG, 2016, p. 15). Dessa maneira, as metas podem ser de curto (de um a dois atendimentos, por exemplo), médio (um bimestre, um semestre) ou longo prazo (um ano ou mais). Os objetivos e as metas devem ser mensuráveis, ou seja, é importante registrar como eles serão avaliados: como saberemos se o estudante os atingiu?

Isto posto, é hora de criar planos de ação: quando e como as propostas serão realizadas? É o momento de definir os conteúdos, recursos e estratégias. Aqui entram as adaptações curriculares para amparar e reduzir as barreiras no acesso à aprendizagem. É essencial que o professor registre o desempenho do estudante, pois essas informações permitem os ajustes necessários para seu avanço. Como dissemos, tais ajustes podem ser realizados a qualquer tempo, tornando o plano de ação mais efetivo.

Por fim, é fundamental avaliar se os objetivos e as metas foram cumpridos. A avaliação do aluno estará em consonância com o que foi planejado para ele. Todas essas etapas devem ser registradas para que se tenha clareza dos progressos e das dificuldades de cada estudante, de modo a poder acompanhá-lo com mais assertividade em sua trajetória escolar.

O PEI constitui uma proposta de organização curricular que considera as possibilidades de aprendizagem dos estudantes e apoia o professor em suas ações pedagógicas. É um conjunto de objetivos de intervenção individualizados e, portanto, inclui o planejamento, o desenvolvimento e a avaliação das ações específicas para um estudante, a fim de fazê-lo progredir em suas aprendizagens. Para isso, é essencial mapear os conhecimentos já construídos pelo aluno e identificar o que ele precisa avançar.

A construção contínua do Plano Educacional Individualizado

A maneira de registrar o PEI em nosso colégio demandou um longo processo até chegarmos a um padrão que fizesse sentido para o estudante, sua família e a equipe escolar. A partir de 2018, elaboramos a estrutura do PEI da Educação Infantil ao Ensino Médio, e cada professor passou a registrar o andamento do trabalho com o estudante. Nas reuniões de pais, o conjunto desses registros era apresentado, assinado pela família e, em seguida, colocado no prontuário.

Com o advento da pandemia, as ferramentas digitais passaram a fazer parte do nosso cotidiano. As documentações dos professores migraram para uma plataforma individualizada para cada estudante que faz parte do Processo Educacional Inclusivo, fruto de muitas conversas e discussões – um ambiente ao qual têm acesso o estudante, seu responsável, os professores e a gestão. Isso agilizou o registro e contribuiu para aperfeiçoar as práticas educacionais. Assim, a escrita passou a ser realizada em colaboração, pois cada professor pode ter acesso às informações dos colegas, integrando ainda mais o processo.

Em parceria, os docentes de sala regular e os professores responsáveis pelo atendimento individualizado elaboram um PEI, que é constantemente consultado e atualizado com dados e observações (ARAÚNA; FRANCO; BESERRA, 2021). Ele pode ser compartilhado com a família e os especialistas.

No segundo semestre de 2023, com base no Decreto nº 67.635, de 6 de abril de 2023, promulgado pelo governo do estado de São Paulo, adequamos o PEI, que passou a se chamar Plano de Atendimento Educacional Especializado (PAEE).[4] Como tudo o que fazemos, compartilhamos essas mudanças com a equipe em um Movimento Pedagógico, que ocorreu em 2 de agosto.

Aproveitamos a ocasião para propor a ressignificação da escrita dos relatórios da Educação Infantil ao Ensino Médio. Começamos com a leitura da Orientação Normativa dos Registros na Educação Infantil (SÃO PAULO, 2022), que nos ajuda a aprofundar o que desejamos como relatório descritivo:

> No Relatório, o percurso individual deve conter anotações de falas ou outras formas de expressão do bebê ou da criança que demonstrem suas descobertas, opiniões e hipóteses sobre fatos e acontecimentos, incluindo diálogos com seus colegas e demais agentes da comunidade educativa, bem como possíveis desdobramentos destes diálogos. Essa forma de registro sempre vem acompanhada de uma situação contextualizada que aponta os avanços e que sinaliza os desafios de bebês e crianças e as intervenções da(o) professora(or) para qualificar este processo. Ao darmos visibilidade

---

4 Durante o fechamento deste livro, o governo paulista sinalizou que haverá uma nova mudança no decreto. O PAEE será o documento a ser preenchido pelo profissional da Sala de Recursos, e o PEI pelos professores da sala regular.

> para a fala do/da bebê/criança no Relatório, registramos seu protagonismo e destacamos suas formas de expressão. (SÃO PAULO, 2019, p. 59)

A partir da análise de registros e observações, elaboramos alguns princípios coletivamente. Os relatórios bimestrais são uma das maneiras pelas quais nosso colégio compartilha os processos de aprendizagem dos estudantes com eles e suas famílias. Entendemos o ato de relatar como descrever os percursos vividos sem tecer juízos de valor, distanciando-nos de uma cultura classificatória – que rotula, compara, generaliza. Avançamos na construção de um olhar e de uma escuta apurados que nos permitam acompanhar as ações de ensino-aprendizagem e perceber como elas de fato contribuem para o desenvolvimento dos estudantes – é isso que entendemos como avaliação, em consonância com Jussara Hoffmann (2012, p. 103):

> A análise qualitativa envolve dados explicativos, o relato de fatos sobre a criança, de situações vividas, exemplos de suas falas e brincadeiras e se dá por meio da narrativa dos professores, não por fichas classificatórias. Em vez de analisar se uma criança está se desenvolvendo "mais ou menos" do que outras, é preciso narrar, documentar o seu jeito de ser e de aprender na escola para oportunizar-lhe uma educação integral.

Para que os professores possam elaborar esses documentos com precisão, é essencial construir instrumentos que tornem visíveis os percursos vividos. Diante dessa questão, propusemos ade-

A mão procura no manuseio produzir aquilo que os olhos encontraram e transformá-lo em obra de arte.

Na exploração e na imaginação de uma criança, ela pode ser sempre alguém diferente, e isso é mágico. Ah!, como é bom ser criança, como é gostoso ter as mãos livres, jogá-las para cima, para o lado, mexê-las para lá e para cá...

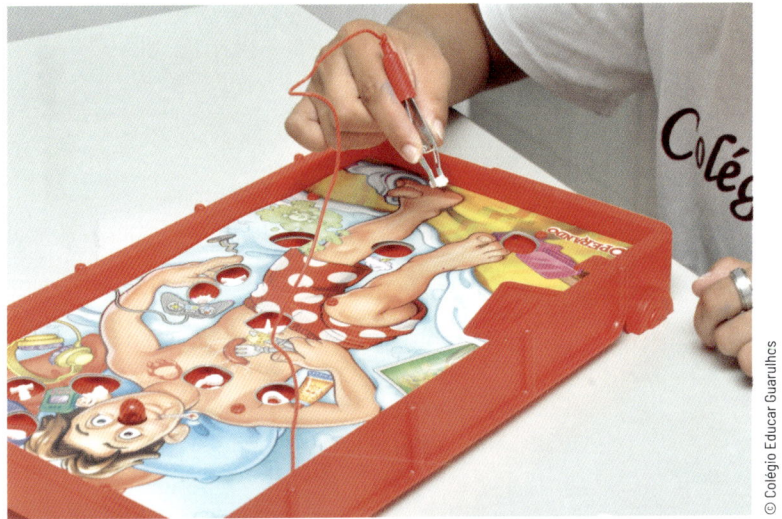

Ao explorar a ludicidade com jogos, o aluno assume papéis e aceita as regras próprias da brincadeira, executando, imaginariamente, tarefas para as quais ainda não está apto ou não sente como agradáveis na realidade.

A criança demonstra a necessidade de agir em relação ao mundo mais amplo dos adultos, e não apenas ao universo dos objetos a que ela tem acesso.

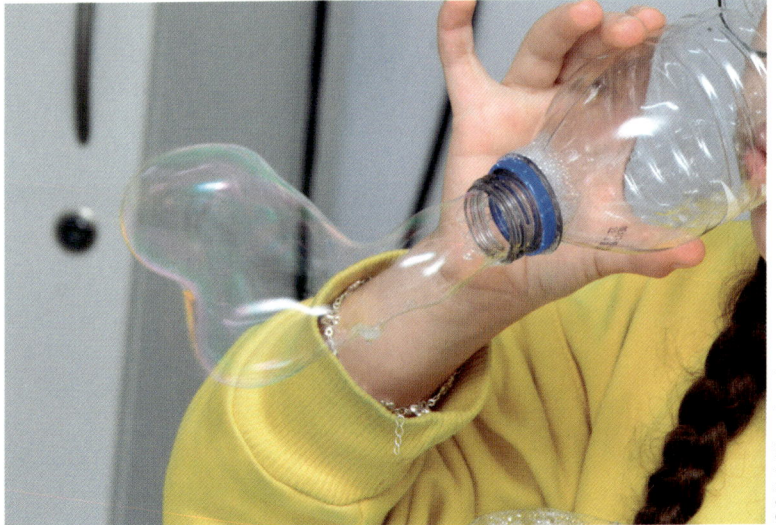

No brincar aprende-se os sentidos e significados de quem se é, por meio das tantas experiências promovidas quando os pensamentos e ações encontram-se livres.

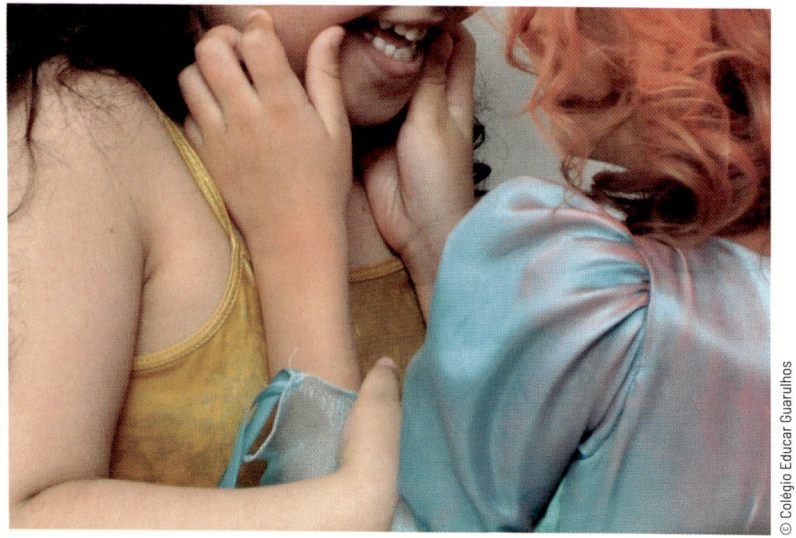

Socializar é se permitir estar com o outro, guardá-lo dentro de si e carregá-lo com as marcas da convivência, assim como se permitir deixar ser levado pelo outro.

Educar o físico não é adestração de comportamento, e sim ampliar os repertórios de possibilidades de conhecer o que o corpo pode fazer.

Escrever é trazer o olhar do que se vê do mundo e elaborá-lo depois.

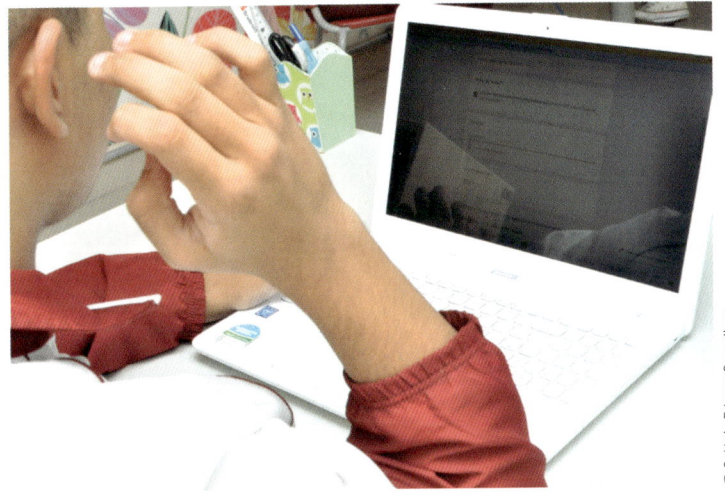

Usar recursos digitais não é garantia de aprendizagem. A tecnologia é uma ferramenta que contribui para que o estudante desafie ainda mais o conhecimento.

A leitura apresenta a cultura de outros mundos, espaços e emoções. É uma viagem imagética.

"Educar é construir junto" (Freinet).
O movimento pedagógico traz deslocamentos e reflexões acerca do que se vivencia no cotidiano escolar e nos processos de aprendizagens significativas.

O brincar acontecerá de qualquer forma, mas os convites que o espaço promove potencializam as capacidades do reinventar a brincadeira.

O brincar ressignifica a existência humana. Nele as crianças encontram maneiras de compreender o funcionamento do mundo. O que para os adultos é considerado faz de conta, para as crianças é viver.

Os recursos precisam ser pensados minuciosamente para que haja de fato uma interação dos estudantes com o que é oferecido, apresentando os desafios necessários e possíveis.

As crianças sentem e expressam o que sentem nas matérias do mundo. Seus sentidos estão sempre em alerta para capturar, transformar-se e experienciar.

O contato com a natureza semeia a compreensão de sermos parte dela.

quações ao PAEE, pois ele traz, em um único documento, a prévia das principais descrições do estudante.

Como uma escola regular, os professores sinalizam no planejamento as expectativas de aprendizagem para a turma inteira e destacam as propostas a serem realizadas com os estudantes integrantes do PAEE, bem como seus resultados. A cada final de bimestre, os docentes apresentam as metas e o desempenho das turmas – relatório que é disponibilizado para os estudantes e para as famílias.

No caso dos alunos da Educação Especial, os educadores elaboram um parecer descritivo individualizado, fazendo uma síntese dos avanços e das dificuldades.

A equipe de Orientação Educacional também escreve um relatório individual a respeito do aproveitamento do estudante nos atendimentos na Sala de Recursos Multifuncionais. Vale destacar que todo o processo é colaborativo, ou seja, a Orientação Educacional, nas figuras da orientadora e dos professores, está sempre disponível para apoiar tanto os docentes regulares quanto os estudantes. Nossos relatórios têm como roteiro os seguintes tópicos:

- Percurso realizado pelo grupo
- Percurso realizado pelo estudante individualmente
- Anotações de expressões dos estudantes (falas, desenhos, fotografias)
- Conclusões a respeito do momento
- Parecer dos educadores
- Parecer das famílias

Registro de acompanhamento: Orientação Educacional

A cada atendimento, os professores da Sala de Recursos Multifuncionais preenchem o registro de acompanhamento do percurso individual do estudante. Nele constam: nome da profissional responsável pelo atendimento, nome do estudante, série/ano escolar, diagnóstico, data do atendimento, habilidades desenvolvidas no atendimento, estratégias utilizadas na Sala de Recursos Multifuncionais (SRM) e parecer conclusivo do atendimento.

PERCURSO INDIVIDUAL DO ESTUDANTE – AEE – SRM	
Orientadora responsável pelo registro:	
Nome do estudante:	Série/ano:
Diagnóstico:	Data:
Habilidades desenvolvidas:	
Estratégias utilizadas na sala de apoio:	
Parecer conclusivo do atendimento:	

Figura 4: Registro de acompanhamento do percurso individual do estudante. (Fonte: Colégio Educar Guarulhos.)

No final de cada bimestre, a orientação elabora uma avaliação do PAEE, incluindo os seguintes dados: nome do aluno, ano/curso, componente curricular, data da elaboração, docente e data da avaliação. Há também um campo para a escrita do Relatório Circunstanciado, no qual se avalia o que foi previsto no PEI de cada aluno. Nele constam a avaliação dos resultados do estudante, uma descrição sintética do que foi realizado e a proposta de intervenção para prosseguimento.

No campo seguinte, registram-se as necessidades educacionais especiais e o diagnóstico. Então, descrevem-se os conhecimentos, as habilidades e as afinidades do estudante trabalhados na ocasião.

PLANO DE ATENDIMENTO EDUCACIONAL ESPECIALIZADO						
Nome:			Ano/curso:			
Componente curricular:			Data de elaboração:			
Docente:			Data de avaliação:			
Relatório circunstanciado:						
Conhecimentos: Habilidades:			Afinidades:			
Parâmetros			Atingiu totalmente	Atingiu parcialmente	Não atingiu	
Percepção	Dificuldade	Proposta				
Visual						
Auditiva						
Tátil						
Espacial						
Temporal						
Outras						

Figura 5: Registro do PAEE. (Fonte: Colégio Educar Guarulhos.)

Na sequência, há a avaliação dos parâmetros relativos ao campo perceptivo do estudante (visual, auditivo, tátil, espacial e temporal). No campo "outras" devem ser anotadas as dificuldades e as atividades relativas a cada um deles. Nas colunas seguintes, registra-se se o aluno atingiu totalmente, parcialmente ou se não atingiu as expectativas.

Com esses mesmos parâmetros, avalia-se a atenção (manutenção do foco, concentração, compreensão de ordens), a linguagem (oralidade, escrita e leitura) e o raciocínio lógico (aspectos motores, psicomotores e sociais).

Parâmetros Percepção	Dificuldade	Proposta	Atingiu totalmente	Atingiu parcialmente	Não atingiu
Atenção					
Manutenção do foco					
Concentração					
Compreensão de ordens					
Linguagem					
Oralidade					
Escrita					
Leitura					
Raciocínio lógico (aspectos)					
Motores					
Psicomotores					
Sociais					

Figura 6: Continuação do PAEE, com registro dos demais parâmetros. (Fonte: Colégio Educar Guarulhos.)

Registro de acompanhamento na Educação Infantil

Na Educação Infantil, produzimos um portfólio bimestral para cada criança, uma documentação de suas vivências na escola, com fotos, vídeos e registros escritos. Para as crianças que participam do Processo Educacional Inclusivo, acrescentamos uma seção com o PAEE. O documento passa a se chamar Portfólio/PAEE, do qual constam, além dos registros das professoras, as habilidades primordiais a serem abordadas e as adaptações curriculares necessárias, finalizando com uma síntese do desenvolvimento cognitivo, emocional, social e da aprendizagem.

Exemplo de PAEE em Portfólio da Educação Infantil

- **Portfólio**
    - Registros do percurso individual – 3º bimestre
    - Desenvolvimento Pedagógico Direcionado
    - Plano de Atendimento Educacional Especializado (PAEE)
        - **Nome:** Marina – **Idade:** 4 anos – **Diagnóstico:** autismo
    - Habilidades Específicas/Adaptações Curriculares
        - **Letrar:** inicial das palavras e de seu nome.
        - **Numerar:** sequência dos numerais 7, 8, 9 e 10.
        - **Social:** ir ao banheiro, vestir a roupa, subir e descer escadas segurando o corrimão.
        - **Educação Física:** participar da ginástica geral, identificando as potencialidades e os limites do próprio corpo, respeitando as diferenças individuais e de desempenho corporal.
        - **Adaptações:** letras móveis; números móveis; barbante; fitas; recorte e colagem; imagens impressas.

> **PERCURSO DO DESENVOLVIMENTO INDIVIDUAL DA CRIANÇA**
>
> Foi proposto aos estudantes uma exposição das fotos. Cada criança trouxe uma foto de um momento vivenciado com água, com objetivo de começar adquirir características, que serão úteis no seu dia a dia, como autoconfiança, empatia e escuta, através de sua apresentação ao grupo.
>
> Beatriz participa de todas as propostas que envolvem participação dos responsáveis para trazer algo de casa, com isso mesmo andando pelo parque ela parava por alguns minutos e observava seus colegas mostrando a foto em suas apresentações, quando foi sua vez ela já sabia que tinha que ir para frente de todos e ficou olhando para sua foto.

Figura 7: Portfólio da Educação Infantil. (Fonte: Colégio Educar Guarulhos.)

- **Acompanhamento da Sala de Recursos Multifuncionais**
    - Marina tem muita necessidade de movimentação; fica sentada para as atividades por um curto período. Utilizamos material de apoio para as propostas do livro, em que a estudante faz colagens para o reconhecimento das letras. Dentre as propostas realizadas na Sala de Recursos Multifuncionais, Marina identifica muito bem as cores, nomes de animais e partes do corpo. Nas propostas de encaixe, ela demonstra irritação e pede ajuda.

- **Informações adicionais**

  - A estudante Marina voltou com comportamentos que já não possuía antes das férias, como se jogar no chão e sair da sala sem autorização. Ela agora não usa mais fralda, entretanto mostrou resistência para ir ao banheiro, onde chorou e se irritou por não querer entrar. Dessa maneira, acabou mordendo e arranhando as professoras que estavam com ela, comportamento esse que Marina não tinha antes, mas que agora, quando está muito brava, tende a ter. Contudo, a irritação para ir ao banheiro foi apenas no primeiro dia, por ser uma mudança em sua rotina. No dia seguinte, ela entrou no banheiro sem chorar, não ficou irritada, mas também não fez xixi. Ainda é difícil para Marina fazer xixi no banheiro; foram poucas as vezes em que ela o fez, mesmo levando-a várias vezes. É só chegar na sala que faz xixi na roupa. Então, dá para perceber que há momentos em que ela segura. A ida ao banheiro é ofertada quando ela chega ao colégio, depois do lanche e segue a cada uma hora, até o horário de saída. Quando bebe bastante água, o tempo entre uma ida e outra diminui.

  - Em sala de aula, a estudante tem se sentado menos, e observamos que sua atenção diminuiu para coisas que antes a interessavam, como atividades que envolvem números, letras e até livro. Acredito que isso acontece porque Marina se interessou por outras coisas que antes não chamavam sua atenção, como o brinquedão do parque. Tem subido sobre a mesa e, quando orientada, tem achado graça por estar no alto. Tem subido e descido a escada segurando-se no corrimão, com a professora do lado. Em alguns momentos, percebemos Marina um pouco perdida, chorosa e irritada com tudo e todos, sem motivo aparente. Quando estava na sala, queria ir ao parque; quando estava no parque, direcionava-se para outro lugar, sempre chorando e jogando-se no chão.

Plano de Atendimento Educacional Especializado Anual – Ensino Fundamental e Médio

Os professores de sala regular do Ensino Fundamental preenchem a matriz do PAEE Anual, um instrumento de registro no qual constam: nome do aluno, ano/curso, componente curricular, data da elaboração, docente e data da avaliação. Da mesma maneira que o registro de acompanhamento elaborado pelos profissionais da Sala de Recursos Multifuncionais, há um campo para o relatório circunstanciado e outro para as necessidades educacionais especiais e o diagnóstico, com espaços para a descrição de conhecimentos, habilidades, afinidades e dificuldades do estudante.

No Plano Anual propriamente dito devem constar: área de conhecimento, componente curricular, professores responsáveis e ano escolar e segmento. Apresenta-se a legenda que será usada para a cor do texto, indicando o que foi conservado da mesma maneira que para o restante da turma, o que foi adaptado para o estudante, o que não foi trabalhado e, portanto, não será avaliado no momento, e o que foi inserido como conteúdo. Há um campo para a descrição das competências específicas do componente curricular.

PLANO DE ATENDIMENTO EDUCACIONAL ESPECIALIZADO	
Nome:	Ano/curso:
Componente curricular:	Data de elaboração:
Docente:	Data de avaliação:
Relatório circunstanciado:	
Necessidades educacionais especiais (diagnóstico):	
Conhecimentos:	Afinidades:
Habilidades:	Dificuldades:
Base de trabalho: Sistema Positivo de Ensino.	**Meta:** Equidade dos processos na formação integral do estudante.
Ideal: Criar um ambiente de processos pedagógicos e sociais propícios à equidade na formação integral do estudante, como principal caminho para a transformação da humanidade no resgate de seus valores fundamentais.	
Objetivo geral: Inspirados nos princípios da pedagogia de Freinet (trabalho e bom senso), desenvolver, dentro das competências e habilidades de cada faixa etária, modalidade e áreas do conhecimento, atividades que orientem a prática escolar na formação de cidadãos para o trabalho livre e criativo, capaz de dominar e transformar o meio através de estudos e experiências na procura de respostas às suas necessidades, criando condições para operar a tomada de consciência e valores fundamentais.	

Figura 8: PAEE Anual.[5] (Fonte: Colégio Educar Guarulhos.)

PLANO ANUAL	
Área do conhecimento:	Componente curricular:
Professores:	Ano: Ensino Fundamental:
LEGENDA	
Mantido sem alteração	Não avaliado neste momento
Adaptado	Inserido
Competências específicas do componente curricular:	

Figura 9: PAEE Anual, seção Plano Anual. (Fonte: Colégio Educar Guarulhos.)

---

5 Os campos Ideal e Objetivo Geral do formulário trazem as premissas do Sistema Positivo de Ensino, cujo material é adotado pelo colégio.

Em seguida vem o Mapa Curricular Integrado por bimestre, no qual devem ser descritos, utilizando a legenda, os conteúdos privilegiados, os objetos de conhecimento e as habilidades a serem desenvolvidas.

MAPA CURRICULAR INTEGRADO – 1º BIMESTRE			
Conteúdos privilegiados	Objetos de conhecimento		Habilidades a serem desenvolvidas
Estratégias pedagógicas		Recursos	
Formas de avaliação			
1º Bimestre		2º Bimestre	
Avaliações formais escritas		Avaliações formais escritas	
Avaliações formais em formato de trabalho		Avaliações formais em formato de trabalho	
Avaliação formativa em sala de aula		Avaliação formativa em sala de aula	
Outros (descrever)		Outros (descrever)	

Figura 10: PAEE Anual. (Fonte: Colégio Educar Guarulhos.)

Então, descrevem-se as estratégias pedagógicas e os recursos a serem utilizados, bem como os tipos de avaliação por bimestre: avaliações formais escritas, avaliações formais em formato de trabalho, avaliação formativa em sala de aula e outros.

Para finalizar, sinaliza-se como acontece o AEE na Sala de Recursos Multifuncionais, respondendo às questões: tem necessidade de acompanhamento durante a aula? Precisará fazer um trabalho paralelo fora da sala de aula? Se for o caso, o que será trabalhado na ocasião? Também se especifica a frequência semanal (SEM), a duração e a forma (individual ou em pares) do atendimento na Sala de Recursos Multifuncionais.

ATENDIMENTO EDUCACIONAL ESPECIALIZADO – AEE – SEM			
Tem necessidade de acompanhamento durante a aula?	( ) Sim ( ) Não	Precisará fazer um trabalho paralelo fora da sala de aula?	( ) Sim ( ) Não
O que será trabalhado fora da sala de aula?			
Frequência do atendimento na Sala de Recursos Multifuncionais: _____ vezes por semana.			
Tempo de atendimento	( ) 50 minutos ( ) _____	Forma de atendimento	( ) Atendimento individual ( ) Atendimento em partes

Figura 11: Continuação do PAEE Anual, seção AEE – SEM – Sala de Recursos Multifuncionais. (Fonte: Colégio Educar Guarulhos.)

PLANO DE ATENDIMENTO EDUCACIONAL ESPECIALIZADO	
Nome: Nino	**Ano/curso:** 8º ano D
Componente curricular: Português	**Data de elaboração:** 3/8/2023
Docente: Jane	**Data de avaliação:**
Relatório circunstanciado	
Gestação: Sem intercorrências. **Nascimento:** Parto cesariano. **Hospitalizações:** – **Cirurgias:** – **Histórico familiar:** – **Percurso escolar:** O estudante ingressou no ambiente escolar com dois anos. **Medicação:** Neuleptil (antes de deitar), fluoxetina (depois do almoço). **Terapias:** Fonoaudióloga, psicóloga, psicopedagoga (semanal), neurologista, psiquiatra (bimestral). **Equipamentos:** –	
Necessidades educacionais especiais (Diagnóstico)	
(Diagnóstico: Transtorno do Espectro Autista – TEA 12/2020)	
Estimular comportamentos sociais, processamento sensorial, ampliar as habilidades comunicativas, aprimorar noção espacial (compreensão do espaço para escrever), estimular o processo de construção e assimilação do conhecimento. Interpretação da leitura, livro didático adaptado (sublinhar frases no texto para melhor compreensão, respostas curtas através da escrita imitativa, redução de enunciados, repetição de atividades orais de associação, grifar, circular, ligar, uso das letras móveis, entre outros).	
Conhecimentos: Gramática e produção de gêneros textuais diversos.	**Afinidades:** Realiza leituras quando solicitado, segue comandos para a realização de atividades quando acompanhado pela professora ou por seus colegas de classe, tem facilidade para a escrita e identificação de palavras e gosta de ilustrações.
Habilidades: Lê, escreve, identifica termos contextualizados em textos.	**Dificuldades:** Produzir textos com autonomia e de autoria própria, interpretar textos e orações e expressar-se oralmente.
Base de trabalho: Sistema Positivo de Ensino.	**Meta:** Equidade dos processos na formação integral do estudante.
Ideal: Criar um ambiente de processos pedagógicos e sociais propícios à equidade na formação integral do estudante, como principal caminho para a transformação da humanidade no resgate de seus valores fundamentais.	
Objetivo geral: Inspirados nos princípios da pedagogia de Freinet (trabalho e bom senso), desenvolver, dentro das competências e habilidades de cada faixa etária, modalidade e áreas do conhecimento, atividades que orientem a prática escolar na formação de cidadãos para o trabalho livre e criativo, capaz de dominar e transformar o meio através de estudos e experiências na procura de respostas às suas necessidades, criando condições para operar a tomada de consciência e valores fundamentais.	

Figura 12: PAEE Anual, Primeira Parte. (Fonte: Colégio Educar Guarulhos.)

PLANO ANUAL

Área do conhecimento: Linguagem
Componente curricular: Português e Produção Textual

Competências específicas para o Ensino Fundamental (BNCC)

1. Compreender a língua como fenômeno cultural, histórico, social variável, heterogêneo e sensível ao contexto de uso, como meio de construção de identidades.**
2. Apropriar-se da língua escrita, reconhecendo-a como forma de interação nos diferentes campos de atuação da vida social e utilizando-a para ampliar suas possibilidades.*
3. Ler, escutar, produzir textos orais, escritos e multissemióticos que circulam em diferentes campos de atuação.*
4. Compreender o fenômeno da variação linguística.*
5. Empregar, nas interações sociais, a variedade e o estilo de linguagem adequados à situação comunicativa.**
6. Analisar informações, argumentos e opiniões manifestados em interações sociais e nos meios de comunicação.*
7. Reconhecer o texto como lugar de manifestação e negociação de sentidos, valores e ideologias.*
8. Selecionar textos e livros para leitura integral, de acordo com objetivos, interesses e projetos pessoais.*
9. Envolver-se em práticas de leitura literária que possibilitem o desenvolvimento do senso estético para fruição, valorizando a literatura e outras manifestações artístico-culturais.*
10. Mobilizar práticas de cultura digital, diferentes linguagens, mídias e ferramentas digitais para expandir as formas de produzir sentidos.*

* Adaptado ** Não será avaliado neste momento

Figura 13: Plano Anual de Português e Produção Textual. (Fonte: Colégio Educar Guarulhos.)

MAPA CURRICULAR INTEGRADO – 3º BIMESTRE

CONTEÚDOS PRIVILEGIADOS	OBJETOS DE CONHECIMENTO	HABILIDADES A SEREM DESENVOLVIDAS
Gênero textual • Artigo de opinião • Biografia • Teatro* **Gênero oral** • Debate regrado** **Leitura** • Tipos de argumentos • Tese e seus argumentos **Linguagem** • Pronomes relativos • Período composto por subordinação e coordenação • Período simples e período composto, coesão* **Escrita** • Artigo de opinião*	Consideração e reflexão sobre as condições de produção dos textos orais que regem a circulação de diferentes gêneros nas diversas mídias e campos de atividade humana; produção de textos orais em geral e jornalísticos em específico; estratégias de produção: planejamento e participação em debates regrados. Construção da textualidade; estratégias de produção e planejamento de textos argumentativos e apreciativos. Argumentação: movimentos argumentativos, tipos de argumento e força argumentativa. Fonortografia; morfossintaxe; sintaxe; estilo; léxico; semântica; textualização; modalização; coesão e coerência em textos escritos e orais; estilo.	(EF08LP03) Produzir artigos de opinião, tendo em vista o contexto de produção dado, a defesa de um ponto de vista, utilizando argumentos e contra-argumentos e articuladores de coesão que marquem relações de oposição, contraste, exemplificação, ênfase.* (EF08LP04) Utilizar, ao produzir textos, conhecimentos linguísticos e gramaticais: ortografia, regência e concordância nominal e verbal, modos e tempos verbais, pontuação etc.* (EF08LP05) Analisar processos de formação de palavras por composição (aglutinação e justaposição), apropriando-se de regras básicas de uso do hífen em palavras compostas.** (EF08LP06) Identificar, em textos lidos ou de produção própria, os termos constitutivos da oração (sujeito e seus modificadores, verbo e seus complementos e modificadores).* As demais habilidades de área a serem desenvolvidas no decorrer deste bimestre letivo serão descritas nos roteiros de estudos semanais seguindo as orientações vigentes da BNCC.

* Adaptado ** Não será avaliado neste momento

Figura 14: Mapa Curricular Integrado de Língua Portuguesa. (Fonte: Colégio Educar Guarulhos.)

Estratégias pedagógicas	Recursos
• Aulas expositivas • Avaliações formais • Livro didático • Caderno de atividades • Saídas a campo • Projetos pedagógicos literários • Podcasts • Atividades e projetos interdisciplinares • Atividades em plataformas on-line • Seminários • Apresentações orais • Peça de teatro/dramatização • Trabalhos em grupos • Debates em sala de aula • Roda de leitura e partilhas • Jogos (da memória, caça-palavras, quebra-cabeças, bingos e circuitos) • Apresentação de vídeos e filmes • Gamificação • Rotação por estações de aprendizagem e demais metodologias ativas • Mostra literária	• Notebook • Câmera • Celular • Plataforma Edutt • Lousa • Mentimeter • Portal Positivo On • Rádio • Projetor • Televisão • Caderno do aluno • Material didático e paradidático • Carrinho multimídia • Televisão • Google Jamboard • Livros paradidáticos • Dicionários • Espaços da escola e casa dos estudantes • Sala do inédito • Sala interdisciplinar • Labo'art • Quadra • Pátio • Espaço de convivências • Laboratório de Ciências • Quintal Educar

Figura 15: Continuação do Mapa Curricular Integrado de Língua Portuguesa. (Fonte: Colégio Educar Guarulhos.)

AVALIAÇÃO – 3º BIMESTRE	
Avaliações formais escritas	Como Nino ainda não tem autonomia para utilizar o material didático sozinho, pois apresenta dificuldades para interpretar textos, questões e produzir respostas autorais, seu estudo foi adaptado das seguintes maneiras: acompanhamento da professora para a resolução dos exercícios, redução e simplificação das respostas dos exercícios propostos, ditados, uso de letras móveis, grifos e ilustrações, flexibilização nos critérios de correção. Desta maneira, ele pôde realizar as atividades dentro de suas possibilidades.*
Avaliações formais em formato de trabalho	Estamos trabalhando para que Nino desenvolva as habilidades necessárias para realizar as atividades de produção textual que envolvam escrita autoral e individual. Diante das dificuldades expostas no item anterior, as produções textuais, como artigos de opinião, foram adaptadas da seguinte maneira: selecionei um artigo do próprio caderno de atividades e pedi que Nino o lesse para mim; em seguida, selecionei palavras-chave do artigo lido e pedi ao estudante para transcrevê-las em sua folha de produção de texto (o registro visual desta atividade consta no Padlet).*
Avaliação formativa em sala de aula	Em atividades avaliativas, como na rotação por estações, é necessário flexibilizar os critérios de avaliação, considerando a participação e aceitação do estudante nas propostas (segue os comandos, auxilia seu grupo, registra por escrito aquilo que é solicitado).*

* Adaptado

Figura 16: Mapa avaliativo. (Fonte: Colégio Educar Guarulhos.)

PLANO ANUAL

Área do conhecimento: Ciências da Matemática e suas Tecnologias

Componente curricular: Matemática

Competências específicas para o Ensino Fundamental (BNCC)

1. Reconhecer que a matemática é uma ciência humana, fruto de diferentes culturas, em diferentes momentos históricos, e é uma ciência viva, que contribui para solucionar problemas e para alicerçar descobertas e construções.**

2. Desenvolver o raciocínio lógico, o espírito de investigação e a capacidade de produzir argumentos convincentes, recorrendo aos conhecimentos matemáticos para compreender e atuar no mundo.**

3. Compreender as relações entre conceitos e procedimentos dos diferentes campos da matemática (aritmética, álgebra, geometria, estatística e probabilidade) e de outras áreas do conhecimento, desenvolvendo a autoestima e a perseverança na busca de soluções.*

4. Fazer observações sistemáticas de aspectos quantitativos e qualitativos presentes nas práticas sociais e culturais, de modo a investigar, organizar, representar e comunicar informações relevantes.**

5. Utilizar processos e ferramentas matemáticas, inclusive tecnologias digitais disponíveis, para modelar e resolver problemas cotidianos, sociais e de outras áreas de conhecimento.*

6. Enfrentar situações-problema em múltiplos contextos, expressar suas respostas e sintetizar conclusões, utilizando diferentes registros e linguagens (gráficos, tabelas, esquemas, além de texto escrito na língua materna e outras linguagens para descrever algoritmos, como fluxogramas, e dados).*

7. Desenvolver e/ou discutir projetos que abordem, sobretudo, questões de urgência social, valorizando a diversidade de opiniões de indivíduos e de grupos sociais, sem preconceitos de qualquer natureza.**

8. Interagir com seus pares de forma cooperativa, trabalhando coletivamente no planejamento e desenvolvimento de pesquisas para responder a questionamentos e na busca de soluções para problemas, respeitando o modo de pensar dos colegas e aprendendo com eles.*

* Adaptado ** Não será avaliado neste momento

Figura 17: Plano Anual de Matemática. (Fonte: Colégio Educar Guarulhos.)

MAPA CURRICULAR INTEGRADO – 3º BIMESTRE

CONTEÚDOS PRIVILEGIADOS	OBJETOS DE CONHECIMENTO	HABILIDADES A SEREM DESENVOLVIDAS
Expressões algébricas e sequências numéricas • Expressões algébricas, operações com monômios e polinômios, sequências numéricas.** **Construções geométricas** • Construção de ângulo, bissetriz, mediatriz e construções geométricas de polígonos.* **Polígonos** • Polígonos regulares, diagonais de um polígono, soma das medidas dos ângulos.* **Medidas** • Áreas de quadriláteros e triângulos, área do círculo e comprimento de uma circunferência, volume e capacidade.*	Valor numérico de expressões algébricas. Construções geométricas: ângulos de 90°, 60°, 45° e 30° e polígonos regulares. Mediatriz e bissetriz como lugares geométricos: construção e problemas Área de figuras planas: área do círculo e comprimento de sua circunferência, volume de cilindro reto, medidas de capacidade.	(EF08MA06) Resolver e elaborar problemas que envolvam cálculo do valor numérico de expressões algébricas, utilizando as propriedades das operações.** (EF08MA10) Identificar a regularidade de uma sequência numérica ou figural não recursiva e construir um algoritmo por meio de um fluxograma que permita indicar os números ou as figuras seguintes.** (EF08MA11) Identificar a regularidade de uma sequência numérica recursiva e construir um algoritmo por meio de um fluxograma que permita indicar os números ou as figuras seguintes.** (EF08MA15) Construir, utilizando instrumentos de desenho ou softwares de geometria dinâmica, mediatriz, bissetriz, ângulos de 90°, 60°, 45° e 30° e polígonos regulares.* (EF08MA17) Aplicar os conceitos de mediatriz e bissetriz como lugares geométricos na resolução de problemas.* (EF08MA19) Resolver e elaborar problemas que envolvam medidas de áreas de figuras geométricas, utilizando expressões de cálculo de área (quadriláteros, triângulos e círculos), em situações como determinar medida de terrenos.*

* Adaptado ** Não será avaliado neste momento

Figura 18: Mapa Curricular Integrado de Matemática. (Fonte: Colégio Educar Guarulhos.)

Estratégias pedagógicas	Recursos
• Demonstrações e realizações sobre os conteúdos abordados • Observações individuais e coletivas • Discussão de textos que resgatam a história da matemática • Resolução de exercícios partilhada pelos alunos • Uso de aparelhos eletrônicos para pesquisas, observações matemáticas; desenvolvimento de atividades e acesso às aulas • Jogos educativos • Pesquisas orientadas e direcionadas para discussão e partilha em sala de aula e Ambiente Virtual de Avaliação (AVA) • Uso de aplicativos e softwares para dinamizar o ensino de conteúdos, possibilitando demonstrações e construções pelos alunos	• Quadro e giz • Livro didático • Sala de informática/internet • Plataforma Positivo ON • Exercícios das Olímpiadas de Matemática • Lista de exercícios on-line (no AVA); material complementar disponibilizado no AVA • Uso de aparelhos eletrônicos para pesquisas, aplicativos e softwares matemáticos • Plataforma AVA • GeoGebra • Jamboard • Kahoot • Google Forms

Figura 19: Continuação do Mapa Curricular de Matemática. (Fonte: Colégio Educar Guarulhos.)

AVALIAÇÃO – 3º BIMESTRE	
Avaliações formais escritas	As avaliações formais escritas do Nino foram adaptadas de acordo com suas dificuldades na disciplina de matemática. Para isso, todas as atividades foram feitas com o acompanhamento da professora; as questões realizadas tiveram redução e simplificação no grau de complexidade; foram usadas ilustrações; flexibilização dos critérios de correção.
Avaliações formais em formato de trabalho	Como Nino tem dificuldade em atividades no formato individual, acompanhei todas as que foram realizadas para que eu pudesse conduzi-lo dentro da proposta. Uma das atividades desse bimestre foi feita da seguinte forma: desenhei em uma folha de sulfite duas figuras geométricas diferentes. Primeiramente pedi a ele para pintar a parte do desenho que envolvia a área dele; depois pedi que, na outra figura, identificasse com uma caneta colorida onde estava o perímetro.
Avaliação formativa em sala de aula	Nino oscila no seu comportamento em relação à aceitabilidade das atividades propostas: às vezes, aceita realizá-las, e, em outros momentos, se recusa a fazê-lo, querendo apenas desenhar em seu caderno. Além disso, nos dias em que está mais alegre, canta alto na sala de aula e/ou reproduz falas ouvidas anteriormente, várias vezes seguidas e num tom alto. É amoroso com a professora em alguns momentos e, de vez em quando, aceita fazer acordos, por exemplo: em dias em que ele está agitado e recusando as atividades, combinamos que eu faria algum desenho para ele colorir (algo de que ele gosta muito) em troca de fazer uma atividade de matemática.
Outros (descrever)	Flexibilizei o olhar durante as avaliações do Nino; respeitei e aproveitei os momentos em que ele estava disposto a realizar as atividades propostas, sempre em conjunto com a professora.

Figura 20: Mapa Avaliativo de Matemática. (Fonte: Colégio Educar Guarulhos.)

Os registros no Padlet

Na Educação Infantil, o PAEE é complementado pelo portfólio individual. Nos Ensinos Fundamental e Médio, o PAEE é acompanhado pelo Padlet[6] de cada estudante do Processo Educacional Inclusivo. Neste último caso, pelo menos duas vezes por bimestre, os professores regulares e os da Sala de Recursos Multifuncionais alimentam o Padlet com fotos, vídeos, áudios e relatos, de modo a ilustrar e compartilhar o processo vivido no cotidiano. O link do Padlet fica disponível na plataforma individualizada, de maneira que todos (família, professores, gestão) podem acompanhar o desenvolvimento das aprendizagens dos estudantes e fazer comentários e observações.

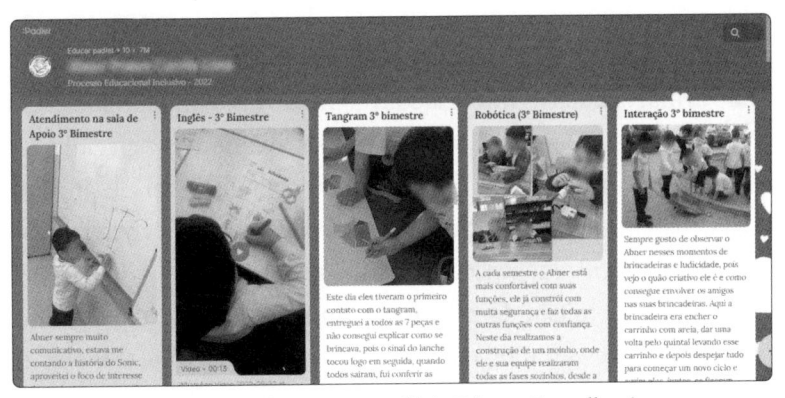

Figura 21: Exemplo de Padlet. (Fonte: Colégio Educar Guarulhos.)

---

6 Padlet é uma ferramenta digital que permite a criação de quadros virtuais, como murais.

Organização das informações dos estudantes

Todos os documentos concernentes aos estudantes que participam do Processo Educacional Inclusivo são colocados na plataforma individualizada, constituindo seu histórico, e podem ser consultados pela equipe que atende o aluno – tanto o prontuário quanto os registros que dão visibilidade ao processo de aprendizagem. Esses arquivos também estão organizados em prontuários físicos, nos quais constam os laudos médicos, relatórios de especialistas e orientações de outras escolas, de modo que podem ser acessados por outros profissionais do colégio, bem como pelo financeiro e pela secretaria para emissão de históricos escolares e transferências.

A plataforma educacional que passou a integrar nosso processo educacional durante a pandemia foi pensada como um ambiente para todos. Ali criamos a plataforma individualizada, onde estão armazenadas as informações sobre a vida estudantil de cada aluno: foto, laudo médico, relatórios de profissionais especialistas e a proposta pedagógica. Esta última é composta pelo PAEE, no qual constam as habilidades a serem trabalhadas em cada bimestre, bem como as adaptações, quando necessárias.

Na página inicial da plataforma individualizada, encontram-se o nome do estudante, o ano escolar e o período que frequenta.

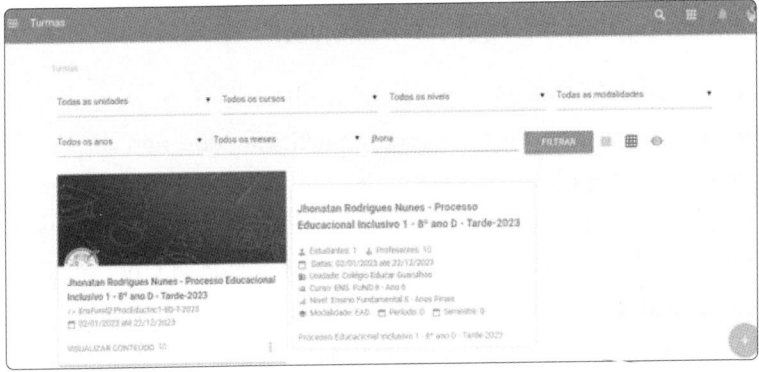

Figura 22: Página inicial da plataforma individualizada. (Fonte: Colégio Educar Guarulhos.)

Na página seguinte, no quadro do lado esquerdo, estão disponíveis: medicamentos, laudo médico, proposta pedagógica, autorização do atendimento, história de vida, dados pessoais e foto do estudante. E, do lado direito, os nomes das pessoas autorizadas a acessar aquela área (professores, gestores e familiares).

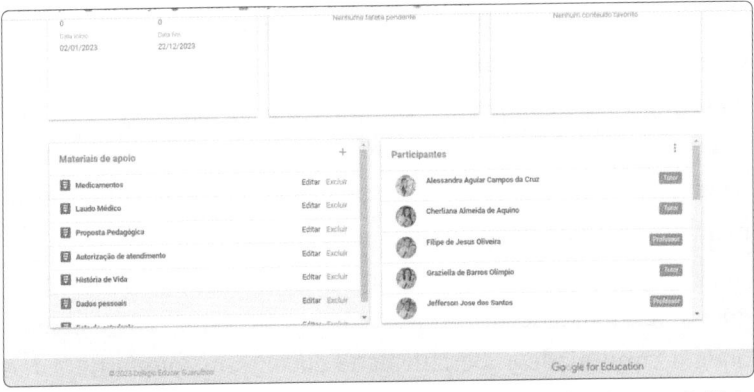

Figura 23: Segunda página da plataforma individualizada. (Fonte: Colégio Educar Guarulhos.)

O acompanhamento dos alunos 87

"Entre o ideal e o real... o possível!"[7]

A proposta do Colégio Educar Guarulhos, aqui apresentada, se refere à realidade de uma escola particular que não dispõe de muitos recursos humanos e financeiros. Ou seja, trabalhamos no limite, com uma estrutura enxuta, nos esforçando para transformar o real no possível, aproximando-nos a cada dia, por meio da inventividade, do que consideramos o ideal.

A convite de diversas Secretarias de Educação, temos conversado frequentemente com professores de escolas públicas sobre o atendimento que oferecemos, e um assunto recorrente são os recursos, que parecem sempre em falta.

Sem menosprezar a importância de ter meios suficientes para atender crianças e jovens com deficiências ou transtornos, vem emergindo a ideia de que a chave para um atendimento de qualidade é o trabalho cooperativo, entrelaçando vários atores: equipes escolar e multidisciplinar, estudantes, famílias e médicos.

Tal entrelaçamento coloca em evidência a formação da equipe escolar, tendo como fundamento o princípio da cooperação. É porque a gestão imprime essa marca que se faz possível estabelecer vínculos com todos os envolvidos, estimulando-os a remar na mesma direção para fazer o barco avançar, que é o desenvolvimento integral de nossos estudantes.

A cooperação e o apoio mútuo promovem um ambiente em que a sensibilidade do professor pode florescer, um ambiente onde a curiosidade e a criatividade encontram solo fértil. Ali as

---

[7] Para esta seção emprestamos de Maria Alice Proença (2022) o subtítulo de seu livro *O registro e a educação pedagógica: entre o real e o ideal... o possível!*.

ansiedades e lágrimas são acolhidas, e as alegrias, repartidas. Em um ambiente assim, é possível tropeçar e se levantar, experimentar e reconhecer quando algo não funcionou, até dar certo.

A equipe gestora do colégio está sempre atenta e zelosa no sentido de criar um ambiente propício para que todos cresçam, tanto os profissionais quanto os alunos. Dessa maneira, as adaptações curriculares e suas respectivas avaliações resultam no melhor que pudermos oferecer aos estudantes a fim de instrumentalizá-los para a vida – o melhor possível nas condições existentes. Pensando nisso, o PAEE procura ampliar os horizontes dos alunos, não os restringir, garantindo a eles o acesso aos conteúdos que sua turma está estudando. Isso se torna realidade por meio do acompanhamento caso a caso, com a produção de registros vivos e eficientes. São essas ideias, esses princípios, que norteiam nosso trabalho.

PARA TERMINAR...

Hoje temos clareza de que a construção de vínculos é primordial para fazer nosso trabalho florescer. É essencial tecer vínculos positivos e colaborativos com os estudantes e com suas famílias, para que eles possam se desenvolver integralmente, transformando as potências em realidade.

Sabemos que cada criança e jovem é singular e acreditamos profundamente que respeitar suas maneiras de ser é fundamental. Celebramos a diversidade e investimos na criação de estratégias e recursos para apoiar cada um deles na lida cotidiana, pois todos ganham ao viver em uma escola inclusiva.

Nesse percurso, aprendemos a ser mais compassivos, a respeitar os limites individuais e a aceitar que nem sempre as coisas dão certo. E quando não dão, paramos e analisamos nossas escolhas para aprender com os erros. Afinal, o erro é o caminho do acerto. Em contrapartida, quando algo dá certo, comemoramos e analisamos o que fizemos, para entender, sistematizar e usar esse conhecimento. Retomo aqui a afirmação que intitula o livro de Batista *et al.* (2021), de que o "querer torna a prática possível", para enfatizar que não se trata apenas de olhar para os desafios, mas de acreditar que é possível oferecer uma educação de qualidade para todas as crianças e os jovens.

Um livro marcante que me acompanha há um bom tempo é *A escola com que sempre sonhei sem imaginar que pudesse existir*, de Rubem Alves (2001). Nós sonhamos e fazemos do Colégio Educar

Guarulhos essa escola onde nossos estudantes realmente podem voar, alçar voos para o mundo e ser quem eles desejam.

Entendemos que o trabalho pedagógico deve ser colaborativo, pautado na confiança e no respeito. Todos os profissionais do Colégio Educar Guarulhos estão implicados em fazer o melhor com nossos estudantes. As relações afetuosas que se estabelecem dão a ver uma equipe bem preparada, que ruma para a mesma direção: a concretização do direito de todos a aprender e a conviver. Isso nos instiga! Ao mesmo tempo que nos deparamos com o desafio de aprendizagem de cada criança e jovem, nos envolvemos com a criação de um cotidiano dinâmico e voltado para o bem comum.

Por fim, agradecemos a toda a equipe e reconhecemos que ela é a responsável por promover a beleza da inclusão, lutando para fazer diferença e acreditando numa escola de qualidade. Desejamos que nossa história apoie os leitores na construção de mais escolas inclusivas.

REFERÊNCIAS

ALVES, Rubem. *A escola com que sempre sonhei sem imaginar que pudesse existir*. Campinas: Papirus, 2001.

ARAÚNA, Daniela Navilli de; FRANCO, Antônia Regina; BESERRA, Adriano de Oliveira. Contribuições do ensino híbrido e da neurociência para o processo de ensino-aprendizagem. *Psicopedagogia*, São Paulo, v. 38, n. 117, p. 392-396, 2021.

BACICH, Lilian; MORAN, José. *Metodologias ativas para uma educação inovadora*: uma abordagem teórico-prática. Porto Alegre: Penso, 2017.

BACICH, Lilian; TANZI NETO, Adolfo; TREVISANI, Fernando de Mello (org.). *Ensino híbrido*: personalização e tecnologia na educação. Porto Alegre: Penso, 2015.

BATISTA, Renata Pereira *et al*. *Quando o querer torna a prática possível*. São Paulo: Carambola, 2021.

BELINKY, Tatiana. *Diversidade*. São Paulo: FTD, 2021.

BERGMANN, Jonathan; SAMS, Aaron. *Sala de aula invertida*: uma metodologia ativa de aprendizagem. Rio de Janeiro: LTC, 2020.

BRASIL. *Base Nacional Comum Curricular*: a educação é a base. Brasília, DF: Ministério da Educação, 2018.

_____. *Constituição da República Federativa do Brasil*. Brasília, DF: Presidência da República, 1988.

_____. *Convenção sobre os Direitos das Pessoas com Deficiência*: Protocolo Facultativo à Convenção sobre os Direitos das Pessoas com Deficiência. Brasília, DF: Presidência da República, 2007. Disponível em: http://portal.mec.gov.br/index.php?option=com_docman&view=download&alias=424-cartilha-c&category_slug=documentos-pdf&Itemid=30192. Acesso em: 30 nov. 2023.

_____. *Lei nº 8.068, de 13 de julho de 1990*. Dispõe sobre o Estatuto da Criança e do Adolescente e dá outras providências. Brasília, DF: Presidência da República, 1990.

_____. *Lei nº 9.394, de 20 de dezembro de 1996*. Estabelece as diretrizes e bases da educação nacional. Brasília, DF: Ministério da Educação, 1996.

_____. *Lei nº 13.146, de 6 de julho de 2015*. Institui a Lei Brasileira de Inclusão da Pessoa com Deficiência (Estatuto da Pessoa com Deficiência). Brasília, DF: Presidência da República, 2015.

_____. *Política Nacional de Educação Especial na Perspectiva da Educação Inclusiva*. Brasília, DF: Ministério da Educação, 2008. Disponível em: http://portal.mec.gov.br/arquivos/pdf/politicaeducespecial.pdf. Acesso em: 29 nov. 2023.

_____. *Resolução nº 2, de 11 de setembro de 2001*. Institui as Diretrizes Nacionais para a Educação Especial na Educação Básica. Brasília, DF: Ministério da Educação, 2001.

_____. *Resolução nº 4, de 2 de outubro de 2009*. Institui Diretrizes Operacionais para o Atendimento Educacional Especializado na Educação Básica, modalidade Educação Especial. Brasília, DF: Ministério da Educação, 2009.

COHEN, Elizabeth G.; LOTAN, Rachel A. *Planejando o trabalho em grupo*: estratégias para salas de aula heterogêneas. Porto Alegre: Penso, 2017.

CUNHA, Eugênio. *Autismo e inclusão*: psicologia e práticas educativas na escola e na família. Rio de Janeiro: WAK, 2019.

DICIONÁRIO Online de Português. Matosinhos: 7Graus, 2009. Disponível em: https://www.dicio.com.br/apoiar. Acesso em: 1º dez. 2023.

DOWBOR, Fátima Freire. *Quem educa marca o corpo do outro*. São Paulo: Cortez, 2008.

FREINET, Célestin. *Pedagogia do bom senso*. São Paulo: Martins Fontes, 1973.

FREIRE, Madalena. *Educador*. Rio de Janeiro: Paz e Terra, 2008.

FREIRE, Paulo. *Pedagogia da autonomia*. São Paulo: Paz e Terra, 1996.

_____. *Pedagogia do oprimido*. São Paulo: Paz e Terra, 1981.

GAIATO, Mayra; TEIXEIRA, Gustavo. *O reizinho autista*: guia para lidar com comportamentos difíceis. São Paulo: nVersos, 2018.

HOFFMANN, Jussara. *Avaliação e Educação Infantil*: um olhar sensível e reflexivo sobre a criança. Porto Alegre: Mediação, 2012.

IMBERNÓN, Francisco. *Pedagogia Freinet*: a atualidade das invariantes pedagógicas. Porto Alegre: Penso, 2012.

LEGRAND, Louis. *Célestin Freinet*. Recife: Fundação Joaquim Nabuco, 2010.

MACHADO, Rosangela; MANTOAN, Maria Teresa Eglér (org.). *Educação e inclusão*: entendimento, proposições e práticas. Blumenau: Edifurb, 2020.

MANTOAN, Maria Teresa Eglér. *Desafio das diferenças nas escolas*. Petrópolis: Vozes, 2013.

_____. *Inclusão escolar*: o que é? Por quê? Como fazer? São Paulo: Summus, 2015.

MASCARO, Cristina Angélica Aquino de Carvalho; REDIG, Annie Gomes. Plano Educacional Individualizado para alunos com deficiência intelectual: desenho para o atendimento educacional especializado. *In*: CONGRESSO INTERNACIONAL DE EDUCAÇÃO ESPECIAL E INCLUSIVA, 1., 2016, Rio de Janeiro. *Anais* [...]. Rio de Janeiro: UERJ, 2016.

MELO, Sueli; BARBOSA, Maria Carmen Silveira; FARIA, Ana Lúcia Goulart de. *Documentação pedagógica*: teoria e prática. São Carlos: Pedro e João, 2018.

NÓVOA, António. *Professores*: libertar o futuro. São Paulo: Diálogos Embalados, 2023.

OLIVEIRA, Wanessa Moreira. *Ações inclusivas no âmbito do IF Sudeste MG*: um processo em construção. 2017. Dissertação (Mestrado em Diversidade e Inclusão) – Universidade Federal Fluminense, Niterói, 2017.

ONU. *Declaração Universal dos Direitos Humanos*. Nova York: ONU, 1948. Disponível em: https://www.unicef.org/brazil/declaracao-universal-dos-direitos-humanos. Acesso em: 30 nov. 2023.

PIRES, Viviane Ferrareto da Silva. *Educação e saúde*: da queixa de professores ao diagnóstico da equipe de saúde no município de Santo André. 2021. Tese (Doutorado em Educação) – Pontifícia Universidade Católica de São Paulo, São Paulo, 2021.

PROENÇA, Maria Alice. *O registro e a educação pedagógica*: entre o real e o ideal... o possível! São Paulo: Panda Educação, 2022.

SAMPAIO, Rosa Maria Whitaker. *Freinet*: evolução histórica e atualidades. São Paulo: Scipione, 1989.

SANTIAGO, Gisele; CANTO-DOROW, Thais Scotti do; PIGATTO, Aline Grohe Schirmer. Rotação por estações e a aprendizagem no ensino superior: contribuições da avaliação discente. *Revista Educacional Interdisciplinar*, Taquara, v. 7, n. 1, p. 1-10, 2018.

SÃO PAULO (estado). *Decreto nº 67.635, de 6 de abril de 2023*. Dispõe sobre a Educação Especial na rede estadual de ensino e dá providências correlatas. São Paulo: Governo do Estado, 2023.

SÃO PAULO (município). *Instrução Normativa nº 2, de 6 de fevereiro de 2019*. Aprova, na conformidade do Anexo Único desta Instrução Normativa, a Orientação Normativa SME nº 1, de 6 de fevereiro de 2019, que dispõe sobre os Registros na Educação Infantil. São Paulo: Secretaria Municipal de Educação, 2019.

SÃO PAULO (município). *Orientação Normativa de Registros na Educação Infantil*. São Paulo: Secretaria Municipal de Educação, 2022.

SAVATER, Fernando. *A importância da escolha*. São Paulo: Planeta, 2004.

UNESCO. *Declaração de Incheon*: Educação 2030: rumo a uma educação de qualidade inclusiva e equitativa e à educação ao longo da vida para todos. Unesco: Incheon, 2015. Disponível em: https://unesdoc.unesco.org/ark:/48223/pf0000233137_por. Acesso em: 1º dez. 2023.

_____. *Declaração de Salamanca e linha de ação sobre necessidades educativas especiais*. Brasília, DF: Unesco, 1994. Disponível em: http://portal.mec.gov.br/seesp/arquivos/pdf/salamanca.pdf. Acesso em: 1º dez. 2023.

_____. *Declaração mundial sobre educação para todos*: satisfação das necessidades básicas de aprendizagens. Jomtien: Unicef, 1990. Disponível em: https://www.unicef.org/brazil/declaracao-mundial-sobre-educacao-para-todos-conferencia-de-jomtien-1990. Acesso em: 15 fev. 2024.

_____. *Educação para todos*: o marco de ação de Dakar. Texto adotado pela Cúpula Mundial de Educação Dakar, Senegal, 26 a 28 de abril de 2000. Disponível em: http://cape.edunet.sp.gov.br/textos/declaracoes/6_Declaracao_Dakar.pdf. Acesso em: 1º dez. 2023.

WHITMAN, Thomas L. *O desenvolvimento do autismo*. São Paulo: M. Books, 2015.

ZAVALLONI, Gianfranco. *A pedagogia do caracol*: por uma escola lenta e não violenta. Americana: Adonis, 2015.